TROIS MOIS D'HISTOIRE CONTEMPORAINE

LA VÉRITÉ

SUR L ESSAI

DE

RESTAURATION MONARCHIQUE

PARIS. — IMPRIMERIE DE E. DONNAUD
9, RUE CASSETTE, 9

TROIS MOIS D'HISTOIRE CONTEMPORAINE

LA VÉRITÉ

SUR L'ESSAI

DE

RESTAURATION MONARCHIQUE

ÉVÉNEMENTS QUI SE SONT ACCOMPLIS

DU 5 AOUT AU 5 NOVEMBRE 1873

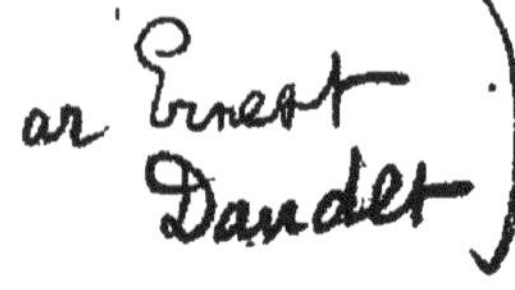

PARIS

E. DENTU, ÉDITEUR

LIBRAIRE DE LA SOCIÉTÉ DES GENS DE LETTRES

PALAIS-ROYAL, 17 ET 19, GALERIE D'ORLÉANS

1873

INTRODUCTION.

Nous entreprenons le récit succinct, mais fidèle, des événements qui se sont accomplis depuis le 5 août, à la suite de la visite faite par M. le comte de Paris au chef de la maison de Bourbon, et des préliminaires de cette visite.

Cette époque est assurément une des plus curieuses, des plus émouvantes de notre histoire. Tandis que la France pouvait raisonnablement croire que l'effort tenté par quelques hommes de bien la ramenait à la monarchie, une fatalité plus haute que leur volonté l'éloignait brusquement de ce but.

*

Aucune émotion ne devait manquer à cette phase agitée. Elle a eu un dénoûment solennel autant qu'inattendu. Ce dénoûment, c'est le manifeste de Salzbourg, qui a porté aux espérances de certains royalistes un irréparable coup, et duquel on a pu dire justement que, pour son auteur, il équivalait à un suicide.

Il y a eu, depuis le 5 août, trois périodes diverses, rigoureusement déterminées.

La première est marquée par le voyage de M. le comte de Paris à Vienne. Après avoir paru n'être autre chose qu'une réconciliation de famille, ce voyage a marqué l'aurore des espérances monarchiques; la seconde par la démarche de MM. de Sugny et Merveilleux-Duvignaux, après laquelle l'enthousiasme du premier jour est tombé, quand on a pu croire que M. le comte de Chambord repoussait définitivement le drapeau tricolore et maintenait le drapeau blanc; la troisième enfin qui commence au moment où MM. Lucien Brun et Chesnelong reviennent de Salzbourg, rapportant des déclarations formelles destinées, hélas! à recevoir un démenti non moins formel.

La première période a trouvé le pays surpris autant que charmé, de voir surgir tout à coup une combinaison à laquelle il ne croyait plus. Il y a eu autant d'enthousiasme chez les conservateurs que de terreur chez les radicaux. La monarchie a paru faite, et si, dans cette heure solennelle, M. le comte de Chambord avait lancé un manifeste établissant la royauté légitime à l'ombre du drapeau tricolore, elle eût été accueillie, acclamée par la grande majorité du pays. Il eût été simple alors de convoquer sur-le-champ l'Assemblée nationale et, au moment où nous écrivons, Henri V résiderait à Versailles.

Malheureusement, — ici commence la seconde période, — on s'aperçut vite que ces espérances n'étaient pas fondées et qu'il fallait en rabattre. La question du drapeau se posait à côté des difficultés nées sur le terrain constitutionnel. Il y eut une minute où la France cessa de croire, perdit confiance, prit ses espérances pour des illusions et les vit se dissiper.

Tout à coup, on apprend que le délégué du Comité des Neuf se rend à Salzbourg où le comte de Chambord lui a donné rendez-vous. La France se reprend à croire, et quand M. Chesnelong revient rendre compte de sa mission à la Commission des Neuf, il n'y a qu'un cri ; ce cri enthousiaste, exagéré même, est celui-ci : « La monarchie est faite ! » C'est la troisième période.

Oui, la monarchie pouvait encore se

faire. Mais, que de temps perdu ! que de délais funestes laissés à ses adversaires ! A cette heure assurément, elle était compromise. Quoique séparés par des abîmes, ses ennemis se coalisaient. Les radicaux et les bonapartistes, après avoir exprimé une violente indignation contre l'alliance Napoléon-Portalis, s'inspiraient de la même idée pour se rapprocher et s'unir. Puis, fortifiés par l'adjonction du Centre Gauche dévoyé, ils s'organisaient en parti de résistance, sous la direction de M. Thiers, en rassurant les conservateurs par le projet de prorogation des pouvoirs du maréchal président, qu'ils ont essayé plus tard de faire avorter.

C'est alors que ce dernier prend la parole et déclare qu'il est résolu à quitter le gouvernement, si la majorité conservatrice devient minorité. « Si, comme soldat, dit-il, à ceux qui vont lui demander des explications, je suis toujours au service de mon pays, comme homme politique, je repousse absolument l'idée que je dois garder le pouvoir. J'ai été nommé par la majorité, je ne me séparerai pas d'elle. »

Ces paroles, diversement interprétées, laissent croire aux conservateurs que si la majorité ne parvient pas à fonder la monarchie, le pouvoir tombera aux mains des radicaux, et dès lors, la solution monarchique s'impose.

On a discuté avec ardeur la question de savoir si cette solution aurait eu la majorité. Oui, la majorité était faite et quoi qu'on ait dit avant, les hommes de bonne foi reconnaissent aujourd'hui que si la lettre de Salzbourg n'avait pas été écrite, l'Assemblée nationale eût nommé Henri V roi de France.

Qui peut dire quelles eussent été la grandeur et la prospérité d'un règne inauguré par l'accord de la souveraineté nationale avec la souveraineté du roi?

Un des ennemis les plus implacables de la monarchie s'écriait naguère : « Si elle se fonde, nous en avons pour cinquante ans. » Cinquante ans! c'est-à-dire plus de temps qu'il n'en faut pour réparer tous nos désastres et fonder par la réforme des institutions et des mœurs, le règne de la loi et de la liberté ! Dieu n'a pas voulu qu'il en fût ainsi et nous demeurons livrés aux aventures, n'ayant d'autres conditions de salut que celles qui résulteront de l'union des conservateurs.

L'échec de la monarchie a ameuté contre ses partisans tous ses adversaires qui les ont accusés d'avoir intrigué et conspiré ! Quoique nous n'ayons pas pour mission de les défendre, la justice nous oblige à dire qu'à la veille de discuter des solutions imposées, les efforts tentés pour restaurer par les voies légales une monarchie constitutionnelle, ne sauraient être comparés à une conspiration qui procède toujours par les voies illégales. Les promoteurs de la Restauration n'ont caché ni leur plan, ni leurs desseins, ni leur but. C'est peut-être même la première fois qu'on voit un parti procéder ainsi et préparer ouvertement son œuvre.

C'est que les chefs de ce parti n'ignoraient pas qu'en dépit des clameurs et des résistances, le pays conservateur n'attendait que le succès pour se rallier à eux et pour accueillir, comme l'aurore de son salut, l'avénement d'un pouvoir qui devait être tout à la fois l'épouvantail des coalitions révolutionnaires et la clef de voûte de l'union des gouvernements européens. On comprenait que l'heure approchait où toutes les forces conservatrices seraient groupées dans le camp monarchique, contre la révolution, toujours redoutable, qu'elle porte le manteau césarien, ou le peplum démagogique. Il pouvait y avoir alors des grands jours pour la France, et la destinée qui nous semblait promise, si elle ne s'est pas réalisée, n'en reste pas moins assez enviable pour justifier les tentatives de ceux qui voulaient en doter la France. Ce n'est pas leur faute après tout si ces tentatives ont échoué. C'est le manifeste de Salzbourg qui les a arrêtées.

L'échec de la monarchie, œuvre volontaire du roi ! voilà ce que nul n'avait le droit de prévoir.

Pour que le monde ait assisté à un tel spectacle, il fallait des temps aussi profondément troublés que les nôtres.

Il nous a paru que raconter ce qui s'est dit et fait à cette occasion, c'était accomplir une œuvre utile au présent autant qu'à l'avenir. Les hommes et les faits vont se pressant et se précipitant avec une rapidité telle que le souvenir en disparaîtrait si l'écrivain ne les arrêtait au passage. C'est à cela que se réduit notre tâche. Les pages qui suivent ne sont que le résumé de notes recueillies au jour le jour, au fur et à mesure que les événements se produisaient. Ecrites dans un esprit de justice et de vérité, puisées aux sources les plus sûres, nous n'avons pas voulu qu'elles fussent perdues pour l'histoire.

Telle est l'origine de ce livre. Il sera lu avec autant d'intérêt que de fruit et restera, nous en sommes certain, le guide le plus sûr de ceux qui voudraient, aujourd'hui ou plus tard, faire revivre cette émouvante phase qui a porté un coup fatal à la royauté de droit divin, incarnée dans la personne, les doctrines et le drapeau de M. le comte de Chambord, et ne laisse de place maintenant qu'à une monarchie fondée, il est vrai, sur l'hérédité, mais aussi sur l'accord de la souveraineté du roi avec la souveraineté de la nation, royauté en dehors de laquelle il n'y a que la révolution ou des expédients toujours précaires et souvent aussi dangereux.

LA VÉRITÉ SUR L'ESSAI

DE

RESTAURATION MONARCHIQUE

CHAPITRE PREMIER.

Causes et origines de l'entrevue du 5 août. — Ce qui se passa après les élections du 8 février. — Nécessité de la fusion. — Les princes d'Orléans. — Election du duc d'Aumale et du prince de Joinville. — Le comte de Paris et le comte de Chambord. — Deux principes. — L'abrogation des lois d'exil. — Entrevue de Dreux. — Engagement pris par le comte de Paris. — Une attente de deux ans. — Départ pour Vienne. — Conditions préliminaires de la visite. — Le comte de Paris chez le Comte de Chambord. — Signification de l'entrevue.

Personne n'ignore que la visite faite le 5 août 1873, par M. le comte de Paris à M. le comte de Chambord, a été le point de départ des efforts tentés par quelques hommes politiques, animés des sentiments les plus désintéressés, en vue d'une restauration monarchique.

Mais, ce que l'on connaît moins, ce que l'on ignore même, ce sont les origines et les causes de cette mémorable démarche qui pouvait être féconde en résultats heureux, si M. le comte de Chambord n'en avait, par un mouvement encore inexpliqué, volontairement stérilisé les conséquences.

Ces causes et ces origines méritent d'être racontées, non pas seulement parce qu'elles furent à l'honneur des princes d'Orléans, mais encore parce qu'elles prouvent que, quoique divisé, le parti royaliste n'avait rien de plus à cœur que de voir s'opérer entre tous les membres de la maison royale de France, le rapprochement et la réconciliation dont les bases, dès Bordeaux, avaient été jetées parmi les groupes de la majorité.

Il y eut alors dans les rangs des partisans de la monarchie, un ardent désir de mettre un terme aux dissensions de famille, créées par les événements du passé. Tous nourrissaient la conviction formelle que pour que la restauration devînt possible, elle devait être précédée d'un accord complet entre les princes. Il existait de part et d'autre, des préjugés, des préventions, des rancunes. Mais les monarchistes répétaient partout très-haut qu'on en devait faire bon marché, que le salut de la France et de la monarchie était à ce prix, et que, pour leur part, ils étaient prêts à affirmer en même temps que leur renoncement à tout ce qui pouvait maintenir les obscurités et les nuages, leur sincère désir de voir surgir une résolution qui, replaçant sans contestation le comte de Chambord dans son rôle de chef de la maison de France, ne laisserait plus aucun doute sur les desseins du comte de Paris, et rendrait à ce dernier auprès de son cousin, son rang et son influence d'héritier de la couronne.

Partisans de la légitimité et partisans des princes d'Orléans, groupés dans l'Assemblée nationale sous le nom de Droite et de Centre droit, tendaient à se rapprocher, à s'unir par des concessions mutuelles, et à former un grand parti monarchique. Ils espéraient que l'exemple donné par les députés serait suivi par les princes et que la réconciliation entre ces derniers deviendrait facile, quand leurs amis auraient mutuellement abdiqué tous les griefs.

Ces idées commencèrent à se faire jour dès que les élus du 8 février se trouvèrent réunis à Bordeaux. On ne songeait point encore avec suite aux solutions définitives. Une œuvre plus urgente, l'œuvre de la paix, s'imposait au patriotisme de tous et absorbait leurs instants. Mais dans les allusions qui furent faites à la possibilité d'une restauration, on voyait percer le désir d'un rapprochement entre les princes, et lorsque M. Thiers, jaloux d'être le chef du pouvoir exécutif, désigné d'ailleurs pour ces hautes fonctions par son nom, ses opinions, — hélas ! trahies depuis ! — son rôle précédent, quémandait les suffrages de ses collègues, c'est encore sur la réconciliation de famille qu'il basait les espérances du rétablissement de la royauté, dont l'expression se trouvait dans sa bouche toutes les fois qu'il adressait la parole à un royaliste. L'histoire enregistrera quelque jour les engagements qu'il prenait alors vis-à-vis de ses collègues de la Droite, auxquels il promettait la restauration par ses soins, acte qu'il appelait « la monarchie unie. »

Alors, comme à des époques précédentes, mais avec beaucoup plus d'énergie, la *fusion* apparaissait à tous, comme la condition indispensable de la restauration.

Il suffisait qu'elle eût été posée ainsi, pour devenir aussitôt le but commun de tous ceux qui n'ont pas foi dans l'efficacité de la forme républicaine et croyaient alors comme aujourd'hui, que la France vaincue, affaiblie, isolée en Europe, ne pouvait se relever que par un retour sincère au régime constitutionnel, sauvegardé par les sages institutions dont la monarchie héréditaire et nationale contient à la fois la formule la plus nette et l'instrument le plus actif.

En d'autres temps, la même nécessité avait frappé et pénétré les esprits les plus sages; mais leur conviction et leurs efforts étaient demeurés stériles, parce que la possibilité d'agir leur faisait défaut. On ne met d'ardeur à l'étude des solutions décisives, alors même qu'on les souhaite passionnément, on ne s'attache à les réaliser qu'autant qu'elles sont réalisables.

Or, lorsque, pendant la durée de l'empire, légitimistes et orléanistes avaient tenté de rapprocher les princes, ils n'apportaient pas à leur œuvre cet entraînement que peut seule donner l'urgence qui s'impose avec la probabilité du succès. Alors la fusion, quelque sincère qu'elle pût être, aurait conservé malgré tout, un caractère platonique; elle aurait été sans influence sur les destinées de la France. Ceux qui la poursuivaient en demeuraient convaincus et cette conviction affaiblissait à leur insu la bonne volonté qu'ils déployaient pour vaincre les difficultés élevées devant leurs pas.

Mais, en 1871, les circonstances étaient bien changées.

Les royalistes avaient en face d'eux, non un gouvernement établi, mais un pouvoir sans consistance, qui n'allait trouver une force que dans le concours de l'Assemblée nationale et ne pouvait rien sans elle. Le pays, désorganisé, épuisé, énervé, semblait en proie à un vertigineux affolement, et si les embarras de l'heure présente, en nécessitant l'union de tous les partis qui seule les pouvait résoudre, rendait impossible un changement immédiat de gouvernement, il était raisonnable de penser que le jour n'était pas éloigné où le pays accepterait le pouvoir de ceux qui lui apporteraient le salut dans une combinaison basée sur un grand principe. La probabilité du succès existait donc. Elle ranimait les courages et dictait le devoir d'agir.

L'attitude des princes d'Orléans pendant la guerre facilitait singulièrement la tâche de leurs amis. Leur patriotisme s'était affirmé avec éclat. Les aventures qui les avaient tour à tour éloignés et rapprochés des champs de bataille, revêtaient un caractère de grandeur propre à populariser leur nom.

On savait qu'au lendemain de nos premiers revers, ils étaient accourus pour offrir leur épée à la France; que repoussés d'abord par les ministres de l'empereur, ensuite par M. Jules Favre, conseillé, on ne le sut que plus tard, par M. Thiers, enfin par M. Gamtetab, ils avaient j q qu'au bout réitéré leurs tentatives, usant de ruse pour conquérir le droit, non de faire parler d'eux, mais de remplir obscurément leur devoir.

La légende de Robert-le-Fort faisait sa route à travers l'armée française. Les pérégrinations du prince de Joinville, errant comme un proscrit sur sa terre natale, poursuivant vainement l'honneur de combattre et de mourir pour elle, quoiqu'encore imparfaitement connues, ajoutaient un charme mystérieux et quasi shakespearien à l'histoire militaire de ces princes si Français par l'esprit et le cœur, dont le souvenir n'avait pu disparaître du pays aux destinées duquel ils avaient été mêlés si longtemps, au milieu de fortunes diverses.

Enfin, leur situation personnelle trouvait une force singulière dans l'effort aussi long que leur exil, qu'ils avaient tenté et réussi, afin de rester toujours en communication d'idées avec la France. Absents, ils étaient demeurés présents à la patrie, à laquelle il parlaient sans cesse, tantôt poursuivant en des livres remplis d'observation et de science, l'étude des plus graves problèmes économiques, tantôt ressuscitant les souvenirs des guerres d'Afrique, tantôt enfin, racontant l'histoire de la maison de Condé.

Aussi, la France ne les avait pas oubliés.

Le 8 février 1871, M. le duc d'Aumale et M. le prince de Joinville étaient élus députés, l'un par le département de l'Oise, l'autre par les départements de la Haute-Marne et de la Manche. Leur nom mis spontanément par les conservateurs de ces contrées sur les listes électorales, sortit victorieux de l'urne, comme afin de prouver que la France n'est point aussi oublieuse, ni aussi ingrate qu'on l'a prétendu, et qu'elle sait, à son moment, rendre à ceux qui l'ont mérité, par leur patriotisme et les services rendus, l'hommage de sa reconnaissance.

Mais, ce n'est pas tout. A cette heure où l'indécision, l'anxiété, le doute remplissaient la plupart des esprits, la maison d'Orléans, puissante par le nombre et la race, reprenait sa place parmi nous, comme une espérance poussée subitement du milieu de nos désastres. On se plaisait à incarner dans la personne du premier d'entre les princes, ce noble gouvernement constitutionnel qui s'étend peu à peu par toute l'Europe, ainsi que les pousses vivaces d'un arbre vigoureux, et M. le comte de Paris apparaissait, aux yeux d'un grand nombre de Français, comme un jeune homme capable de relever la couronne nationale, et de réconcilier avec elle la France moderne. Si, comme on le prétendait déjà, M. le comte de Chambord n'avait pas le désir de régner ou s'il ne voulait régner qu'à des conditions qui rappelleraient un régime disparu et dont la nation ne veut plus, un autre prince nous restait avec lequel la réorganisation serait facile, puisqu'il représentait à la fois le principe monarchique et le principe libéra

Peu de gens, à vrai dire, souhaitaient que le comte de Chambord désertât volontairement la tâche qui l'appelait. Les plus avisés, les plus sages n'hésitaient pas à reconnaître que la monarchie serait d'autant plus solide qu'elle grouperait plus fortement autour de soi tous les royalistes sans exception. Or, le comte de Chambord reconnaissant le comte de Paris pour son héritier légitime et direct, pouvait seul reconstituer ce grand parti et fonder sur des bases inébranlables la monarchie constitutionnelle.

M. le comte de Paris lui-même ne voulait pas une autre solution. Instruit par les méditations de l'exil et l'histoire de sa propre maison, ce jeune prince possédait, à défaut de l'expérience consommée qui est le privilége de la vieillesse, une sagacité profonde. Il avait déjà compris que son avénement au trône, à l'exclusion du comte de Chambord, lui créerait, dès le début de son règne, une situation affaiblie et précaire. Le parti monarchique ne pouvait être fort que par l'union de tous les conservateurs. Aussi, quoiqu'il se fît honneur d'être aux ordres de la France, il inclinait à croire que la *fusion* devait précéder toute tentative de restauration ; qu'à moins d'un acte d'abdication qui n'était point à espérer, qu'il se refusait formellement à désirer ou à provoquer et dont il suppliait ses amis de ne jamais faire dépendre leurs résolutions, c'est avec le comte de Chambord, entouré de toute la maison de Bourbon, que la royauté devait se présenter au pays.

Ces pensées, qu'il avait sans doute méditées longtemps, le comte de Paris les communiquait fréquemment à son entourage. Aussitôt après le 4 septembre, il y puisait les mobiles de sa règle de conduite, et aux nombreuses lettres qui lui arrivaient dès ce moment, il répondait en exprimant les sentiments qui viennent d'être indiqués, et affirmait qu'il n'avait et ne se laisserait supposer aucune prétention, plaçant d'ailleurs au-dessus de toutes les volontés personnelles la volonté de la France.

Arrivés à Bordeaux, les députés légitimistes ne tardèrent pas à connaître ces sentiments. Leurs défiances ne tombèrent pas sur-le-champ. Bien que l'Empire eût fait un sort commun aux vainqueurs et aux vaincus de 1830 et que l'identité du malheur les eût rapprochés, les vieilles haines n'étaient pas entièrement dissipées. De part et d'autre, on nourrissait des appréhensions et des arrière-pensées.

Pour les uns, M. le comte de Chambord représentait obstinément la monarchie du droit préexistant, c'est-à-dire un principe immuable que ses partisans entendent faire respecter comme un dogme, et qui ne pouvait revivre parmi nous qu'en nous ramenant à un siècle en arrière, c'est-à-dire en deçà de 1789.

Pour les autres, M. le comte de Paris représentait une des formes les plus trompeuses, les plus perfides de la révolution, et son principe, subordonné toujours et partout aux accidents variables de la souveraineté nationale, ne pouvait accomplir qu'une œuvre mauvaise et démoralisatrice.

Ces deux appréciations étaient également fausses.

On sait aujourd'hui que le principe de M. le comte de Chambord n'est pas l'immuabilité, ni même ce retour en arrière dont on nous menaçait. La lettre écrite le 19 septembre 1873, au vicomte de Rodez-Benavent, a fait justice des appréciations que malheureusement des amis maladroits, et les imprudences de quelques membres du clergé avaient encouragées. Ce qui caractérise le principe du petit-fils de Charles X, c'est qu'il substitue en principe sinon en fait la souveraineté du roi à la souveraineté de la nation, et qu'il n'admet des règles du gouvernement constitutionnel que celles qui maintiennent le pouvoir royal dans une région idéale et supérieure d'où il dicte toujours des lois et n'en subit jamais. La doctrine parlementaire que représente plus spécialement le comte de Paris est tout autre. Elle fait du roi le chef du pouvoir exécutif, c'est-à-dire le metteur en œuvre des volontés de la nation, incarnée dans le parlement, volontés qui s'exercent régulièrement, grâce à un mécanisme ingénieux, et sans qu'il en coûte rien à la dignité du roi.

A Bordeaux, ces doctrines n'étaient pas encore nettement définies; par conséquent on n'avait pu encore mettre en relief les côtés par lesquels elles peuvent s'allier, se compléter, se fortifier, ni ceux par lesquels elles s'excluent. Aussi, les défiances tenaient-elles plus au passé qu'au présent. C'est en se rappelant Louis XV que les uns reprochaient au comte de Chambord de vouloir réédifier une monarchie sans contrôle; c'est en se rappelant Louis-Philippe que les autres redoutaient de voir le comte de Paris se poser un jour comme le candidat de la révolution.

Ces défiances qui n'ont pas encore entièrement disparu aujourd'hui et que les organes du parti légitimiste avancé, n'ont jamais cessé d'exciter et de propager, sont un des malheurs du temps présent que nous devons au temps passé. La démarche du comte de Paris, la manière dont le comte de Chambord l'a maintefois appréciée, en ont fait justice, mais ne les ont pas pour toujours dissipées. Il y aura éternellement des catholiques plus catholiques que le Pape et des royalistes plus royalistes que le Roi.

Fort heureusement, le gros des partis se compose d'hommes modérés et non d'exagérés. A Bordeaux, les modérés comprirent qu'avant d'entreprendre l'œuvre de la restauration monarchique, il importait de déblayer le terrain de ces malentendus funestes, et que puisque le gros des royalistes souhaitait le rapprochement des princes, il fallait le préparer.

L'occasion propice et désirée ne tarda pas à se présenter.

De Bordeaux, l'Assemblée nationale était venue à Versailles et au milieu des difficultés de toute nature qui s'élevaient à chaque heure devant ses pas, elle procédait à la vérification des pouvoirs de ses membres. C'est ainsi qu'elle eut à se prononcer sur la validité des élections du duc d'Aumale et du prince de Joinville. Or, la situation faite aux princes par la loi du 26 mai 1848, interdisant aux membres de la famille de Bourbon l'accès du sol français, nécessitait que préalablement à leur admission dans l'Assemblée, on se prononçât sur cette loi.

Sans doute, à n'en considérer que la lettre, le bannissement n'impliquait pas la perte des droits civils ; les princes, dès lors, étaient éligibles et leur élection devait être validée.

Mais, comment admettre qu'on leur maintiendrait un mandat sans leur donner en même temps la possibilité de l'exercer ; qu'on leur ouvrirait l'Assemblée nationale sans leur ouvrir la France ? C'est cependant ce qui serait arrivé, si, conformément à l'opinion d'un certain nombre de représentants, on eût purement et simplement prononcé la validité des élections de l'Oise et de la Haute-Marne.

Raisonnablement, il fallait abroger les lois d'exil, et deux propositions furent déposées dans ce but, l'une par M. Jean Brunet tendant à rapporter toutes les décisions législatives entraînant le bannissement, l'autre par M. Giraud, spéciale aux princes de la maison de Bourbon. C'est à celle-ci que se rallia la majorité.

Mais, la formation de cette majorité nécessita d'abord des négociations et des pourparlers entre les chefs de la Droite dont le vote était nécessaire au succès et ceux du Centre Droit. La résistance opiniâtre que M. Thiers avait manifestée, dès Bordeaux, contre la rentrée des princes, ne permettait pas de compter sur le concours du Centre Gauche dont le chef du Pouvoir Exécutif s'était dès lors emparé.

— Nous ne voulons pas, disaient les chefs de la Droite, ouvrir les portes de la France aux princes d'Orléans, si nous devons un jour les trouver sur le chemin du trône, en opposition au roi légitime.

— Vous ne les y trouverez jamais, répondirent les chefs du Centre Droit. Quel engagement souhaitez-vous?

— La parole des princes et l'assurance que M. le comte de Paris, au nom de tous les siens, ira rendre à M. le comte de Chambord l'hommage qu'ils doivent au chef de leur maison et au seul représentant du principe monarchique.

A la suite de ces pourparlers, une entrevue fut décidée entre le duc d'Aumale et le prince de Joinville et les membres les plus influents de la Droite légitimiste. Elle eut lieu à Dreux, au mois de mars 1871. Là, les princes déclarèrent qu'il n'existait aucun prétendant dans la famille d'Orléans, et que si la France souhaitait jamais de revenir à la monarchie, aucune compétition royale ne s'élèverait parmi les membres de leur maison. Puis, il s'engagèrent à faire parvenir par le comte de Paris, en son nom et au nom des siens, cette assurance à M. le comte de Chambord, se réservant le droit de fixer l'époque où cette démarche devrait être faite.

C'est à la suite de l'entrevue de Dreux, dans des circonstances qu'on n'a point oubliées et qu'il n'y a pas lieu de rappeler dans ce récit dont le but est autre, que les lois du 10 avril 1832 et 26 mai 1848, furent abrogées, grâce à l'union étroite de la Droite et du Centre Droit, union qui triompha des résistances et des répugnances de M. Thiers dont nous retrouvons les traces trop évidentes dans le discours qu'il prononça à cette occasion.

M. le comte de Paris était ainsi engagé, et la démarche du 5 août ne fut que la conséquence de cet engagement. Durant ces deux années, il fut plus d'une fois tenté de partir, d'aller tenir sa parole. Mais alors que la France subissait encore l'occupation étrangère, le prince n'estimait pas que l'heure fût propice pour accomplir une démarche qui ne manquerait pas d'émouvoir le pays et d'où pouvaient sortir de graves agitations. Il ne voulait pas qu'on pût jamais reprocher à la monarchie d'avoir préparé son retour sous la protection des baïonnettes prussiennes.

C'est ainsi qu'il attendit. Le temps de son

attente ne s'écoula pas sans lui apporter plus d'un mécompte. Les manifestes mémorables du 5 juillet 1871 et du 25 janvier 1872, affirmant avec énergie que le roi n'accepterait pas de conditions, et ne sacrifierait pas le drapeau blanc, la lettre du mois de février 1873, à l'évêque d'Orléans, enfin, les diverses paroles rapportées de Frohrsdorf, en creusant l'abîme qui séparait le comte de Chambord de la France, en rendant la restauration monarchique plus difficile, ne blessaient pas seulement les convictions les plus chères du comte de Paris ; il semblait encore qu'ils fussent dirigés contre ses amis et contre lui. Plus ceux-ci s'efforçaient de prouver leur abnégation pour faciliter la restauration et plus le chef de la maison royale, volontairement ou non, se plaisait à frapper d'impuissance leur bonne volonté et leurs patriotiques efforts. Plus d'une fois, le comte de Paris fut le confident de leurs plaintes et de leur légitime ressentiment.

Par une singulière coïncidence, à mesure que s'approchait l'époque qu'il s'était assignée pour accomplir sa promesse, il devenait plus évident que le comte de Chambord ne voulait pas régner, et les événements se chargeaient de créer aux princes d'Orléans une situation qui précisément les désignait mieux chaque jour aux suffrages des conservateurs.

Certes, la tentation était grande. Se placer à la tête du parti constitutionnel, rallier autour de soi tous les libéraux, avec l'assurance d'enlever à la République conservatrice la plupart de ses adhérents, former contre les exagérés de tous les partis le parti national, et fonder avec lui la monarchie comme en Belgique, voilà une œuvre qui n'était pas sans grandeur.

Le comte de Paris ne se demanda même pas si elle était possible. Il n'avait d'autre souci que celui de tenir l'engagement pris et de prouver qu'ainsi qu'il l'avait affirmé, il n'y aurait aucun compétiteur royal dans sa famille.

Pendant ce temps, les commentaires du public étaient variés et nombreux. Il ne connaissait pas les faits que nous venons de raconter et se figurait que si la *fusion* ne se faisait pas, c'est que les princes d'Orléans ne voulaient pas s'incliner devant le chef de leur maison. On persistait à les traiter comme les adversaires irréconciliables de la branche aînée. Les radicaux et les bonapartistes s'unissaient contre eux dans un concert d'éloges décernés tous les jours au comte de Chambord. Il n'était pas jusqu'aux ultra royalistes, qui ne les accusassent ouvertement d'être l'obstacle au rétablissement de la monarchie.

Cette idée faisait de tels progrès dans le public qu'elle touchait les esprits les plus modérés. Vers la fin de 1872, M. de Villemessant, rédacteur en chef du *Figaro*, se présenta un matin chez le comte de Paris qu'il ne connaissait pas, et lui tint ce langage :

— Monseigneur, on dit que vous êtes l'empêchement à la restauration et que si M. le comte de Chambord ne cède pas aux prières de ses amis qui le supplient de consentir à des concessions nécessaires, c'est qu'il redoute un piége. Vous pouvez seul faire cesser ces défiances. A votre place, je partirais avec madame la comtesse de Paris ; j'irais chez M. le comte de Chambord, en lui disant : « Mon cousin, nous voilà ! »

M. de Villemessant ne se doutait guère et ne put d'ailleurs deviner que ses paroles répondaient à l'une des plus vives préoccupations du prince. Mais l'heure n'était pas venue. Elle vint le 5 août. M. Thiers n'était plus là pour tirer parti contre les conservateurs de la démarche du prince. En outre, les vacances de l'Assemblée nationale et l'évacuation définitive du territoire rendaient cette heure propice.

Le comte de Paris avait pris depuis long temps conseil de ses amis. Quelques-uns persistaient à se montrer antipathiques à son projet. Soit par un attachement irréfléchi à un passé qu'il n'était pas en leur pouvoir de faire revivre, soit par crainte d'un accueil peu favorable à Frohrsdorf, ils cherchaient à faire ajourner le voyage « du chef de leur parti. » M. le comte de Paris restait sourd à ces influences. Il répondait :

— J'ignore si le parti orléaniste existe encore, ce que je sais bien, c'est qu'il représente et doit représenter non des prétentions personnelles, mais la monarchie constitutionnelle et que c'est elle seule qu'il s'agit de restaurer.

Le duc de Chartres s'étonnait qu'on ne fût pas favorable au dessein de son frère. Il calmait les appréhensions, en disant :

— Je n'ai jamais été plus heureux qu'aujourd'hui. Il en est tant qui réussissent à faire le bien, parfois même sans remplir leur devoir ! Pourquoi ne réussirions-nous pas, nous qui allons faire le nôtre ?

C'est ainsi que les princes parlaient à leurs amis. Les plus influents, les plus fidèles, se trouvant absents, le comte de Paris leur écrivit. A l'un d'eux, il disait : « J'éprouve un grand soulagement à la pensée que je vais dégager jusqu'à la dernière syllabe, la parole que j'ai donnée il y a deux ans. »

Est-il nécessaire d'ajouter que la résolution du prince n'avait trouvé dans sa famille que des encouragements. Ses oncles, et notamment le duc de Nemours, étaient, dès longtemps, favorables à la démarche promise. Quant au duc de Chartres, que la perspective de cette réconciliation de famille comblait de joie, il aurait bien voulu accompagner son frère. Mais, retenu à Paris par les nécessités de son service, il dut ajourner sa visite. Il la fit ultérieurement, ainsi qu'on le verra plus loin.

Le comte de Paris souhaitait que son projet ne fût connu que lorsqu'il l'aurait réalisé. Il prit dans ce but quelques précautions. Le 31 juillet, afin de détourner la curiosité des malveillants et des indiscrets, il partait avec sa femme et ses enfants pour Villers-sur-Mer, petite station de bains, située près de Trouville et fort à la mode cette année. Il les y installa et revint le même soir à Paris, d'où il se mit en route pour Vienne, avec son oncle le prince de Joinville.

Son passe-port était au nom du comte de Villiers. Durant le trajet, il ne fut reconnu nulle part. Mais, en arrivant à Vienne dans la soirée du samedi 2 août, il apprit par les dépêches des journaux que son voyage était ébruité, et que l'indiscrétion qu'il tenait à éviter avait été commise.

On a su depuis qu'elle venait de chez M. Thiers. La nouvelle du départ du comte de

Paris avait été communiquée au *National* par M. Barthélemy Saint-Hilaire, publiée par ce journal d'abord, et ensuite par la *Correspondance républicaine* qui est adressée à un grand nombre de feuilles des départements. Les directeurs de la *Presse* et du *Français* ne crurent pas devoir taire l'événement, et dès ce moment, il appartint à la presse qui le commenta de mille manières, mêlant, ainsi qu'il arrive toujours en pareil cas, l'erreur à la vérité.

Le sentiment général fut la surprise, et chez les républicains le dépit. Ils essayèrent aussitôt de dénaturer la généreuse démarche du comte de Paris.

— Sachant bien qu'on ne saurait arriver à une entente, le prince est allé provoquer une rupture, dirent les uns.

— Il abandonne ses idées, il ne tient aucun compte du sentiment personnel de ses amis ; il va abdiquer entre les mains du comte de Chambord, dirent les autres. Il s'humiliera inutilement. Son cousin ne consentira même pas à le recevoir.

Ce n'était pas la vérité. Non, le prince

n'allait pas provoquer une rupture. Sans pouvoir deviner quelles seraient les conséquences de sa visite, il ne cherchait, ainsi qu'il l'avait dit, qu'à dégager sa parole. Il ne voulait pas laisser aux députés qui, deux ans avant, avaient voté l'abrogation des lois d'exil, le droit de lui rappeler sa promesse, en lui montrant les portes de la France, ouvertes sur la foi de cette promesse.

Il était arrivé à Vienne dans la soirée du samedi 2 août. Le dimanche matin, il envoyait à Frohrsdorf une dépêche au gentilhomme de service, afin de demander une audience au comte de Chambord. La réponse lui parvint par le télégraphe dans l'après-midi, lui annonçant qu'il recevrait le lendemain la visite de M. de Vanssay.

Ce dernier arrivait en effet, le lundi, dès neuf heures, porteur d'une note à laquelle le comte de Paris répondit sur-le-champ, de sa main :

« Vienne, 4 août 1873.

« M. le comte de Paris pense comme M. le comte de Chambord, qu'il faut que la visite projetée ne donne lieu à aucune interprétation erronée.

» Il est prêt, en abordant M. le comte de Chambord, à lui déclarer que son intention n'est pas seulement de saluer le chef de la maison de Bourbon, mais bien de reconnaître le principe dont M. le comte de Chambord est le représentant.

» Il souhaite que la France cherche son salut dans le retour à ce principe et vient auprès de M. le comte de Chambord pour lui donner l'assurance qu'il ne rencontrera aucun compétiteur, parmi les membres de sa famille. »

Cet échange de notes avait pour but de régler les conditions et les termes de l'entrevue qui allait avoir lieu, et dont la signification se trouvait ainsi fixée. Le comte de Paris accepta tous les termes de celle du comte de Chambord, sauf un lambeau de phrase, et ajouta même dans sa réponse le dernier paragraphe, c'est-à-dire l'expression de son désir de voir la France chercher le salut dans le principe que représente le chef de la maison de Bourbon. Depuis deux années, il avait maintes fois manifesté le même sentiment. Il restait donc fidèle à soi-même en l'affirmant de nouveau.

Le comte de Chambord pouvait désirer qu'aucune question politique ne fût abordée. Le comte de Paris souhaitait de son côté qu'il en fût ainsi. Il n'estimait pas qu'il lui appartînt de traiter de certains problèmes politiques dont la solution appartenait au pays, au nom duquel il n'avait point le droit de parler, encore moins de stipuler, et dont il entendait réserver les droits.

— J'ai des idées qui me sont personnelles, dit-il à M. de Vanssay ; mon cousin a les siennes. Ce n'est que par son accord avec la nation qu'il peut les faire prévaloir ou les modifier ; je n'ai pas plus à les examiner qu'il ne saurait me demander d'abdiquer les miennes.

M. de Vanssay se montra satisfait de ces paroles aussi bien que de la note rédigée par le comte de Paris. Il s'éloigna une demi-heure après être arrivé, chargé d'annoncer au comte de Chambord que son cousin partirait pour

Frohrsdorf, le lendemain mardi, 5 août, à sept heures du matin.

Le lendemain, en effet, vers neuf heures, le petit-fils du roi Louis-Philippe entrait dans le château du petit-fils du roi Charles X.

M. de Vanssay, qui était venu à sa rencontre, l'introduisit dans un salon où le comte de Chambord attendait, et les y laissa. Ce dernier reçut son cousin debout, et après lui avoir tendu la main, s'assit et le fit asseoir.

Le comte de Paris s'exprima alors en ces termes :

— Je viens vous rendre une visite que je souhaitais vous faire depuis longtemps. Je viens en mon nom, et au nom de tous les membres de ma famille, vous présenter nos respectueux hommages, non-seulement comme au chef de notre maison, mais encore, comme au seul représentant du principe monarchique en France. Je souhaite qu'un jour vienne où la nation française comprenne que son salut est dans ce principe. Si jamais elle exprime la volonté de recourir à la monarchie, nulle compétition au trône ne s'élèvera dans nc famille.

Tel est le langage que le comte de Chamb avait manifesté le désir d'entendre dans bouche de son cousin, et qu'il entendit. Au tôt après, il se leva les larmes aux yeux, et ouvrit les bras. Les deux princes s'embrassère La réconciliation était accomplie.

L'entretien prit un ton plus intime. La ception ne cessa pas d'être très-cordiale. comte de Chambord exprima à plusieurs prises la joie qu'il éprouvait à recevoir : cousin. Aucune question délicate ne abordée, de part ni d'autre. On s'en tint à généralités politiques. Elles firent les frais l'entretien qui fut interrompu par l'entrée la comtesse de Chambord. La princesse pour le comte de Paris le plus aimable accu Le déjeuner eut lieu ensuite, et ce n'est q près être resté quatre heures à Frohrsdorf le comte de Paris repartit pour Vienne oì même jour sa visite lui fut rendue. C'est d cette deuxième entrevue que le comte Chambord exprima, dit-on, le regret de ne connaître les enfants de son cousin, et le pria de lui envoyer leurs photographies.

Dans la soirée, le comte de Paris, ayant dîné chez l'empereur François-Joseph, se rendit avec lui à l'Opéra, où une représentation de gala avait lieu en l'honneur du shah de Perse, à Vienne en ce moment, et qui parut très-heureux de revoir le prince qu'il avait déjà rencontré à Paris.

Ainsi se passa cette entrevue depuis si longtemps désirée par le parti royaliste et par les princes eux-mêmes. C'eût été un tort de lui attribuer dès ce moment un caractère politique qu'elle n'avait pas eu. Les organes du comte de Chambord, aussi bien que ceux du comte de Paris, s'attachèrent à ne pas laisser d'erreurs se propager à cet égard. Elle n'en eut pas moins en France et en Europe, un immense retentissement.

Assurément, aucun des points litigieux n'avait été abordé; les princes placés en face l'un de l'autre, dans un entretien tout intime, n'avaient pas mission de les discuter. La question du drapeau restait entière; entier aussi le point de savoir si, dans le cas où une solution monarchique interviendrait, la constitution serait octroyée par le roi ou votée par la Chambre et imposée au roi. Mais la réconciliation de famille était consacrée ; le principe de l'hérédité représenté par le comte de Chambord était reconnu, en même temps que le droit qu'a la France de revenir ou de ne pas revenir à ce principe; enfin, le comte de Chambord avait reçu l'assurance qu'il ne trouverait de compétiteur au trône, dans aucun des membres de sa famille.

C'était là un fait considérable dont le premier et heureux contre-coup devait se produire dans l'Assemblée nationale, en réunissant légitimistes et orléanistes en un seul et même faisceau. La monarchie n'était pas encore faite; mais, elle pouvait se faire, car il ne restait plus à celui qui en était le seul représentant qu'à réconcilier la France avec sa personne et avec son principe; cette nouvelle allait causer en France une émotion profonde et ranimer l'espérance des conservateurs. M. le comte de Paris revint à Paris peu de jours après. Il ne fit qu'y passer et rejoignit sa famille à Villers.

Il avait, selon son désir le plus vif, dégagé sa parole, tenu sa promesse, et accompli simplement, noblement un grand devoir.

Ce devoir, depuis longtemps, il désirait l'accomplir. Nature honnête et droite, intelligent, instruit, n'ignorant pas quelles espérances les conservateurs attachent au nom qu'il porte, il déploya dans ces circonstances le plus patriotique désintéressement, sans se laisser un seul instant détourner par une pensée d'ambition personnelle. On ne saurait trop le dire aujourd'hui. Il l'a dit lui-même d'ailleurs dans une lettre qu'il écrivait au lendemain de l'entrevue de Vienne.

« Je vous remercie d'avoir si bien compris et » apprécié ma récente démarche auprès de » M. le comte de Chambord. J'ai été inspiré » par une pensée d'union. J'ai voulu écarter » tout ce qui pouvait faire obstacle à cette » union des conservateurs, fondée sur des » intérêts communs et sur un respect des opi- » nions de chacun, partout où il peut y avoir

» divergence. Cette union peut seule nous sau-
» ver des ennemis sociaux. »

Le prince entendait par là « le césarisme et le jacobinisme qui tous deux spéculent sur la lassitude publique pour infliger à la France leur odieux despotisme. »

Grâce à lui, et bien que la France eût seule le droit de prendre une décision, l'unité dans le parti royaliste était rétablie ; là où il y avait eu deux monarchies, il n'en restait plus qu'une.

Le comte de Chambord fut profondément touché de cette démarche, surtout quand il put constater l'influence qu'elle exerça sur l'esprit public. Que ne s'inspirait-il d'un sentiment aussi généreux, et pourquoi l'exemple de son cousin ne le poussa-t-il pas à s'avancer jusqu'au bout dans la voie du sacrifice et à couronner son patriotique langage par un renoncement qui n'aurait pas atteint son honneur et qui, quoi qu'il en ait dit, loin de l'amoindrir, l'aurait fortifié ?

CHAPITRE II.

Réveil des espérances royalistes. — La restauration devant l'Europe et devant la France. — Ce qu'aurait dû faire le comte de Chambord après le 5 août. — Organisation de la résistance. — La propagande révolutionnaire. — Lettres et manifestes du prétendant. — La doctrine de la Droite et du Centre Droit. — Leur programme. — Les hommes du Centre Droit. — Le duc d'Audiffret-Pasquier. — Le duc Decazes. — L'armée monarchique.

L'entrevue que nous venons de raconter connue rapidement en France et en Europe, y provoqua le réveil soudain des espérances monarchiques.

Pendant les deux années précédentes, M. Thiers, s'adressant aux hommes de la Droite, leur avait dit souvent: « Le pays ne veut pas la monarchie, parce qu'il sait bien que vous êtes impuissants à la faire. » La réconciliation de famille qui venait de s'opérer à Vienne, apportait à ce langage un formel démenti. Elle prouvait que la monarchie pouvait être rétablie et que le pays pouvait s'y rallier.

En peu de jours, cette opinion fit des progrès rapides dans l'intérieur du pays comme à l'extérieur, et si les Cabinets ne furent pas unanimes à la partager, les Cours, qui selon une parole de M. Thiers lui-même, sont le faubourg Saint-Germain de l'Europe et à qui reste en définitive l'influence, s'y associèrent.

On racontait publiquement que l'empereur d'Autriche et le roi Léopold avaient prêté les mains aux préliminaires de l'entrevue de Vienne; que le Czar en avait conçu une joie si vive, qu'il eût volontiers déclaré que ce grand résultat était dû à son influence, et enfin que l'empereur d'Allemagne, loin de partager les idées du prince de Bismark, ne voyait pas d'un mauvais œil la possibilité d'une restauration monarchique.

Ces rumeurs ne laissaient pas d'être très-exagérée. Mais, elles avaient un fond de vérité, et prouvaient que l'Europe avait vu avec sympathie l'entrevue de Vienne. Pendant la durée de la crise, on a dit tant de fois que l'avénement de Henri V aurait pour résultat de créer à la France un isolement absolu, qu'on ne saurait trop répéter et prouver que tel n'était point l'avis des hommes politiques. Les gouvernements, tous exposés aussi bien que la France, aux coups du radicalisme, n'ignorent pas que la royauté traditionnelle, nationale, héréditaire eût inauguré un état de choses nouveau dont l'influence se serait fait sentir dans le monde entier. « Je vous apporte un principe, et dans ce moment, c'est ma force, » disait en 1815, le duc de Richelieu, aux plénipotentiaires réunis à Vienne. Cette parole n'eût pas été moins vraie aujourd'hui, et c'est pour cela que la royauté française, loin d'être isolée sur le continent, est appelée, si jamais de nouveau elle s'y implante, à grouper autour de soi toutes les grandes puissances aussi intéressées qu'elle à résister au radicalisme.

Les journaux, cependant, même ceux qui se montraient les plus dévoués à la maison royale de France, s'évertuaient à déclarer que le rapprochement des princes n'avait d'autre signification que celle d'une réconciliation de famille et qu'on ne devait lui accorder aucune importance politique. Mais l'opinion ne se payait pas de ces assurances ; prévoyant déjà que la solution monarchique allait se poser devant le pays, elle en examinait les difficultés, elle en supputait les chances, elle en débattait les conditions ; et c'est ainsi qu'avant même que les hommes politiques dévoués à la monarchie eussent formé le dessein de tenter immédiatement la restauration, elle semblait s'imposer par la volonté même de la France qui se plaît aux démarches généreuses et qui a le goût des dénoûments inattendus et rapides.

Il n'est pas téméraire d'affirmer que si, durant les quinze jours qui suivirent l'entrevue de Vienne, le comte de Chambord, profitant de la surprise sympathique causée par la démarche du comte de Paris et par ses résultats, avait adressé à la France un manifeste libéral et sollicité de ses amis la convocation immédiate de l'Assemblée nationale, la restauration monarchique était assurée. Elle eût été votée alors, par la plupart de ceux qui depuis s'y sont montrés hostiles, car ses ennemis n'auraient pas eu le temps d'organiser la pression et l'agitation dont nous avons été plus tard les témoins. Le pays n'était pas assez suffisamment préparé au retour d'un état de choses auquel il avait cessé de croire pour qu'il fût possible de procéder autrement que par surprise et à grands coups.

On ne procéda point de la sorte ; les négociations préliminaires furent trop longues ; elles permirent aux adversaires de la monarchie d'organiser la résistance.

Les éléments de cette résistance n'étaient que trop nombreux. On les trouvait d'abord dans les manifestes du comte de Chambord, ensuite dans les événements qui pendant longtemps avaient maintenu la division entre lui et la branche cadette de sa maison. On les trouvait encore dans les préjugés des campagnes, pour qui le nom de Henri V voulait dire retour à l'ancien régime ; et enfin dans la haine des partis contre un gouvernement qui allait les supplanter.

Dans l'espace de quelques jours, ces divers

éléments furent mis en œuvre avec autant d'ardeur que de mauvaise foi. Le parti républicain et le parti bonapartiste se jetèrent dans la mêlée, apportant au combat les passions les plus violentes. Une propagande active fut entreprise dans les villes et dans les campagnes. On propagea le bruit que l'avénement du comte de Chambord serait l'avénement d'une ère nouvelle dans laquelle les tutélaires principes proclamés en 1789, seraient déclarés lettre morte. Les anciens abus, les priviléges passés devaient renaître. Les partis et leurs organes ne reculèrent pas devant les affirmations les plus stupides, les plus grossières. A les entendre, le droit d'aînesse allait être rétabli, aussi bien que la dîme, la corvée, et cet ensemble de priviléges féodaux que l'histoire a désignés sous le nom de droits seigneuriaux.

— Prenez-garde! disait-on aux paysans, Que la monarchie revienne! et comme autrefois vos aïeux, vous serez réduits en servitude, tenus aux fonctions les plus humiliantes et obligés « d'aller battre les étangs afin d'empêcher les grenouilles de troubler le sommeil de vos nouveaux maîtres. »

Des arguments aussi mensongers laissaient insensibles la majeure partie de la population qui ne faisait qu'en rire. Mais, ils exerçaient une fâcheuse influence dans les centres ouvriers, dans les communes éloignées des grandes villes. En plus d'une circonstance, ils portèrent des fruits amers. On vit au moment des élections du 12 octobre, dans un petit village de la Loire, les habitants parquer une nuit le bétail et le garder jusqu'au jour, parce qu'on leur avait annoncé qu'une razzia générale de troupeaux devait être opérée par Henri V, comme acte de joyeux avénement.

On disait encore aux paysans :

— Quand Henri V sera sur le trône, le clergé sera tout-puissant. On vous obligera à aller à la messe, à prier. Vous serez traînés au confessionnal et ceux qui ne montreront pas, en toute circonstance, leur billet de confession, seront traités comme des parias.

Il est juste de dire qu'en certaines contrées, l'attitude du clergé avait justifié ce langage que les pèlerinages bruyants entrepris sur toute l'étendue du territoire, sans qu'il fût suffisamment démontré que la politique y restait étrangère, n'étaient pas propres à démentir.

Il est des villages où le curé ayant à se plaindre de quelques-uns de ses paroissiens, leur disait, en menaçant :

— Patience ! patience ! quand le roi sera là, les choses changeront. Vous serez alors moins arrogants qu'aujourd'hui.

Les calomnies, propagées ainsi par les uns, les imprudences commises par les autres, n'étaient point faites pour préparer le terrain et disposer les esprits à accueillir la restauration monarchique.

Ce n'était là, d'ailleurs, que le côté le moins grave des agissements révolutionnaires. Ces manœuvres étaient regrettables, mais non à redouter. Il suffisait pour en atténuer les effets que la presse conservatrice s'attachât à démontrer que de telles affirmations reposaient sur le mensonge et qu'on laissât aux événements et au temps le soin d'en faire justice.

Malheureusement, il en était de mieux fondées. Elles se basaient sur le langage même de

M. le comte de Chambord, dont les lettres et les manifestes étaient soigneusement revus et fréquemment cités par ses adversaires, qui n'avaient qu'à fouiller son langage passé pour y trouver des preuves à l'appui de leurs assertions.

En 1867, écrivant à M. de Saint-Priest, le comte de Chambord disait : « Ici, naturellement, ma pensée se porte sur Rome où nous laissons abattre en ce moment une des grandes choses que Dieu a faites pour la France, je veux dire la souveraineté temporelle du chef de l'Eglise, indispensable garantie de son indépendance et du libre exercice de son autorité spirituelle dans tout l'univers. »

On exhumait cette phrase, et d'autres conçues dans le même esprit et on en tirait prétexte pour affirmer qu'à peine sur le trône, Henri V déclarerait la guerre à l'Italie, dans le but de rendre Rome au Pape. Comme pour donner plus d'autorité à ces menaces, le gouvernement italien, feignant de les prendre au sérieux, se rapprochait de l'Allemagne, et dans un voyage mémorable, Victor-Emmanuel scellait avec l'empereur, aux yeux de l'Europe attentive, une alliance contre la France monarchique et l'Eglise romaine.

C'est alors que les feuilles des partis violents déjà coalisés, déclaraient que la royauté attirerait sur la France la réprobation de l'Europe entière et parvenaient à épouvanter ou à irriter l'opinion.

Puis, on alléguait que le nouveau souverain ne consentirait jamais à subir la Constitution qu'aurait votée le Parlement et qu'il entendait au contraire lui imposer la sienne.

Enfin, on ajoutait que le roi ramènerait avec lui le drapeau blanc, et que l'armée qui avait tant de fois ennobli par l'étendue de ses victoires ou la majesté de ses revers, le drapeau tricolore, se le verrait arracher par la volonté du prétendant.

Sur ce dernier point, les adversaires de la royauté avaient beau jeu. Ils rappelaient les documents dans lesquels le comte de Chambord avait affirmé sa volonté

C'était d'abord le message du 5 juillet 1871.

Le comte de Chambord s'exprimait alors en ces termes :

« La France m'appellera et je viendrai à elle tout entier avec mon dévouement, mon principe et *mon drapeau.* A l'occasion de ce drapeau, *on a parlé de conditions que je ne dois pas subir.* Je suis prêt à tout pour aider mon pays à se relever de ses ruines et à reprendre son rang dans le monde; le seul sacrifice que je ne puisse lui faire, *c'est celui de mon honneur.*

» Non, *je ne laisserai pas arracher de mes mains l'étendard d'Henri IV*, de François Ier et de Jeanne d'Arc. C'est *avec lui* que s'est faite l'unité nationale ; c'est *avec lui* que vos pères, conduits par les miens, ont conquis cette Alsace et cette Lorraine dont la fidélité sera la consolation de nos malheurs. Il a vaincu la barbarie sur cette terre d'Afrique, témoin des premiers faits d'armes des princes de ma famille ; *c'est lui* qui vaincra la barbarie nouvelle dont le monde est menacé. *Je le confierai* sans crainte à la vaillance de notre armée ; il n'a jamais suivi, elle le sait, que le chemin de l'honneur.

» Je l'ai reçu *comme un dépôt sacré* du vieux roi mon aïeul, mourant en exil ; il a toujours été pour moi inséparable du souvenir de la patrie absente ; il a flotté sur mon berceau, je veux qu'il ombrage ma tombe. Dans les plis glorieux *de cet étendard sans tache*, je vous apporterai l'ordre et la liberté. *Français ! Henri V ne peut abandonner le drapeau blanc d'Henri IV.* »

Plus tard, le 25 janvier 1872, le comte de Chambord avait écrit :

« Je ne devais pas, dit-on, demander à nos valeureux soldats de marcher sous un nouvel étendard. Je n'arbore pas un nouveau drapeau, *je maintiens celui de la France* et j'ai la fierté de croire qu'il rendrait à nos armées leur ancien prestige. Si le drapeau blanc a éprouvé des revers, il y a des humiliations qu'il n'a pas connues.

« *Par mon inébranlable fidélité à ma foi et à mon drapeau*, c'est l'honneur même de la France et de son glorieux passé que je défends, c'est son avenir que je prépare. Rien n'ébranlera mes résolutions, rien ne lassera ma patience, et *personne, sous aucun prétexte*, n'obtiendra de moi que je consente à devenir le roi légitime de la révolution ! »

Enfin, le 6 février 1873, le prétendant avait adressé à l'évêque d'Orléans une lettre où on lit ces mots :

« Il m'est permis de supposer par vos allusions, monsieur l'évêque, qu'au premier rang des sacrifices regardés par vous comme indispensables pour correspondre aux vœux du pays, vous placez celui du drapeau.

» C'est là un prétexte inventé par ceux qui, tout en reconnaissant la nécessité du retour à la monarchie traditionnelle, veulent au moins conserver le *symbole de la révolution*.

» Croyez-le bien, malgré ses défaillances, la France n'a pas à ce point perdu *le sentiment de l'honneur* : elle ne comprend pas plus le chef de la maison de Bourbon *reniant l'étendard d'Alger* qu'elle n'eût compris l'évêque d'Orléans se résignant à siéger à l'Académie française, en compagnie de sceptiques et d'athées.»

Ainsi, c'est dans les propres écrits de M. le comte de Chambord que les adversaires de la monarchie prenaient des armes pour la combattre, donnant, par ce procédé d'argumentation, une force singulière à leurs coups.

Est-ce là, cependant, la doctrine que cherchait à faire triompher le parti monarchique ? Ceux qui l'ont affirmé alors, s'ils étaient de bonne foi, se sont au moins étrangement mépris. Heureusement, on peut leur opposer une preuve irrécusable de l'esprit libéral dont s'inspiraient la Droite et le Centre Droit. Cette preuve est un document antérieur de dix-huit mois aux tentatives de restauration monarchique, et qui par conséquent n'avait pas été écrit pour les besoins de la cause.

A cette époque, c'est-à-dire au commencement de l'année 1872, la Gauche et le Centre Gauche ayant publié des manifestes républicains, la Droite et le Centre Droit résolurent de leur répondre. La Droite, composée des amis de M. le comte de Chambord, parla le 17 février ; elle le fit comme suit :

« Dans la crise que nous traversons, après tant d'épreuves, en présence de tant d'incertitudes et de périls, diverses fractions de l'Assemblée nationale ont déjà fait connaître au pays ce qu'elles pensent et ce qu'elles veulent.

» A notre tour, nous croyons remplir un devoir en lui disant ce que nous pensons et ce que nous voulons.

» Nous avons été dans tous les temps les serviteurs dévoués du pays. Les douloureux souvenirs de la guerre le disent hautement. Quand la nation, au lendemain de nos désastres, s'est adressée aux honnêtes gens, leur demandant de s'unir contre le césarisme et la démagogie, nous avons répondu à son appel.

» A Bordeaux, sans engager l'avenir, nous avons concouru à la formation du gouvernement actuel, réclamant de lui surtout de rétablir l'ordre et la sécurité publique, et de faire franchement de la politique conservatrice avec le grand parti conservateur.

» Ce que nous lui avons demandé dès le premier jour, nous le lui demandons encore, et nous continuerons à marcher dans cette voie sans nous départir de la prudence et de l'esprit de conciliation que nous impose la gravité des circonstances.

» Fidèles au mandat qui nous a été confié, l'objet constant de nos efforts est de préserver le pays de nouvelles catastrophes, de relever sa fortune, d'assurer son avenir.

» Ce serait trop peu, en effet, de maintenir à la surface une tranquillité précaire. Une grande nation ne peut vivre au jour le jour, perpétuellement livrée aux hasards des événements, aux surprises de l'imprévu : il faut que le lendemain lui appartienne.

» Aussi devons-nous dire à la France comment elle pourra, selon nous, Dieu aidant, mettre un terme à ses malheurs et reconquérir, avec des alliances, le rang qui lui appartient en Europe.

» Nous considérons la monarchie comme le gouvernement naturel de notre pays; et par monarchie, nous entendons la monarchie traditionnelle et héréditaire. Elle a fait la France, elle lui a donné, pendant des siècles, la stabilité et la grandeur. En 1789, elle allait d'elle-même au-devant des réformes; en 1814 elle fondait la liberté, en même temps qu'elle sauvegardait l'intégrité du territoire.

» Voilà ce que nous devons à la monarchie; voilà quels souvenirs et quelles espérances nous animent quand nous poursuivons l'union parmi les conservateurs, quand nous la sollicitons dans la maison royale.

» UNE MONARCHIE HÉRÉDITAIRE, REPRÉSENTATIVE, CONSTITUTIONNELLE, ASSURANT AU PAYS SON DROIT D'INTERVENTION DANS LA GESTION DE SES AFFAIRES ET SOUS LA GARANTIE DE LA RESPONSABILITÉ MINISTÉRIELLE TOUTES LES LIBERTÉS NÉCESSAIRES, LIBERTÉS POLITIQUES, CIVILES, RELIGIEUSES, L'ÉGALITÉ DEVANT LA LOI; LE LIBRE ACCÈS DE TOUS A TOUS LES EMPLOIS, A TOUS LES HONNEURS, A TOUS LES AVANTAGES SOCIAUX; L'AMÉLIORATION PACIFIQUE ET CONTINUE DE LA CONDITION DES CLASSES OUVRIÈRES.

» CETTE MONARCHIE EST CELLE QUE NOUS VOULONS.

« Respectant d'ailleurs notre pays autant que nous l'aimons, nous n'attendons rien que du vœu de la nation, librement exprimé par ses mandataires. »

A ce beau programme, le Centre Droit répondait peu de jours après par la déclaration suivante :

« Nous vous remercions de la communication que vous nous avez faite, et nous sommes heureux de nous associer aux sentiments de patriotisme qui vous ont inspiré l'acte important dont vous nous avez fait part.

» Nous nous sommes réunis pour accomplir en commun une œuvre de paix et de consolidation sociales et dans cet ordre d'idées, nous disons avec vous que nous n'attendons rien que du vœu de la nation librement exprimé par ses mandataires.

» Comme vous, nous avons contribué à établir le gouvernement actuel. Ce que nous lui demandions ensemble à Bordeaux, nous le lui demandons encore aujourd'hui. Nous respectons les sentiments et les espérances de ceux de nos collègues qui s'attachent à l'idée de la République conservatrice. Mais, nous croyons avoir aussi le droit et le devoir d'affirmer hautement nos convictions fondées sur l'expérience et dictées par l'intérêt suprême de notre patrie. Nous voulons rappeler comme vous au pays les ervices qu'il a déjà reçus et ceux qu'il peut ttendre encore de la monarchie constitutionelle dont vous indiquez si bien les bases essenelles, en vous efforçant de réconcilier la rance ancienne avec la France moderne.

» C'est donc dans cette voie que nous conseilerons à la France de chercher le salut, lorsue l'heure des solutions constitutionnelles era venue. *Soumis à la volonté de la nation et dèles à son drapeau*, nous l'engagerons jusque-, à poursuivre par l'accord de toutes les fracons du parti conservateur, l'établissement des aranties d'ordre public qui permettront à la atrie de ressaisir son indépendance et de prérer le retour de sa prospérité et de sa graneur. »

Voilà les pièces qu'on peut opposer à ceux ui prétendent que les royalistes ne sont deenus libéraux que par intérêt, qu'ils ne le ont que des lèvres et qu'ils rêvaient un gouernement despotique, absolu et personnel. Elles e furent pas livrées à la publicité en 1872. ais elles ont été publiées depuis et vengent avec éclat la Droite et le Centre Droit des attaques dirigées contre eux.

D'ailleurs, plus tard, au lendemain de l'entrevue de Vienne, un jeune député, le marquis de Castellane, reprenant ce programme dans un discours adressé à quelques-uns de ses électeurs, le résumait comme suit :

« La monarchie constitutionnelle ! c'est-à-dire un ensemble d'institutions vraiment libérales, fonctionnant à l'abri d'un pouvoir fort et héréditaire, cessant d'être la proie d'une dictature ou d'un parti, — l'ère des révolutions fermée, et le pays travaillant en paix à sa régénération.

» Les ennemis de ces institutions bienfaisantes qui ont fait la grandeur de la France, s'en vont proclamant que l'Assemblée nationale veut ramener la nation cent ans en arrière, rayer de notre histoire la Révolution française de 1789 et nous asservir au despotisme.

» Calomnies coupables et ridicules qui ne sauraient nous atteindre, et dont le bon sens public tôt ou tard fera justice.

» Non, non, l'Assemblée nationale n'a jamais

confondu la révolution avec les révolutions; du haut de la tribune française, M. Thiers ne la proclamait-il pas, il y a quelques mois, la plus libérale de toutes celles qui ont gouverné la France ? Si, un jour, Dieu permet qu'elle dote notre malheureuse patrie d'institutions monarchiques, elle s'inspirera, croyez-en ma parole, de toutes les aspirations légitimes de l'esprit moderne; et de même qu'il y a quelques mois, l'on a dit avec raison : *La République sera conservatrice ou elle ne sera pas*, nous vous disons aujourd'hui : *La monarchie sera nationale et constitutionnelle, ou elle ne sera pas.* »

Ainsi donc, la monarchie que la majorité parlementaire voulait restaurer était une monarchie libérale, dans le fonctionnement de laquelle les droits de la nation étaient soigneusement sauvegardés ; le gouvernement constitutionnel pour tout dire, tel que le comprennent et le pratiquent les pays les plus éclairés de l'Europe. Pouvait-il d'ailleurs en être autrement? Qui donc, si ce n'est peut-être, un petit groupe d'exagérés ou de fanatiques, songeait à un retour à l'ancien régime? Ce n'étaient pas assurément les hommes qui s'étaient mis avec résolution à la tête du mouvement monarchique. Les Changarnier, les Pasquier, les Decazes, les Bocher, les Lucien Brun, les Baragnon, les Larcy, ceux qui furent avec eux les principaux promoteurs de ce mouvement, ne comptaient dans leur vie aucun acte qui pût faire douter de leurs sentiments libéraux. Ils s'étaient en tout temps montrés les fidèles soldats de la liberté et l'on savait bien qu'ils étaient incapables de la sacrifier ni même de la compromettre, par des concessions inopportunes ou des faiblesses inexcusables.

Le duc d'Audiffret-Pasquier et le duc Decazes notamment, placés l'un comme président, l'autre comme vice-président à la tête du Centre Droit, c'est-à-dire de la fraction parlementaire qui a gardé avec le plus de fidélité, à travers des fortunes diverses, le précieux dépôt des libertés parlementaires, étaient trop connus par leur attachement aux princes d'Orléans pour qu'on pût les soupçonner, alors qu'ils prenaient en main la conduite de la

Restauration, de vouloir créer un roi quand même, fût-ce un roi sorti tout armé de la tradition du droit divin. Aussi, n'est-ce point cette accusation que leurs ennemis dirigèrent contre eux. Non, mais quand on les vit, ayant approuvé la conduite du comte de Paris, s'efforcer de fonder la monarchie sur la fusion, on les accusa d'avoir voulu duper les légitimistes, en faisant constater publiquement, par les faits, l'impossibilité du comte de Chambord et comme conséquence forcée, l'obligation de chercher dans la maison d'Orléans, le candidat au trône.

Tel n'était pas leur dessein. La suite de ce récit le prouvera surabondamment ; mais avant de le continuer, il nous paraît indispensable de tracer le portrait de ces deux personnages qui ont acquis, l'un surtout, dans l'histoire que nous racontons, une importance historique et qui, parmi ceux dont nous aurons à parler, se trouvent les premiers sur notre route.

M. d'Audiffret est né en 1823. Son père, le comte d'Audiffret, fut, sous la Restauration, directeur de l'octroi, directeur de la Dette inscrite, conseiller d'État, puis receveur général; son oncle, le marquis d'Audiffret, fut pair de France et président à la Cour des comptes. Ce nom de d'Audiffret est celui d'une ancienne famille dauphinoise, dont l'écusson figurait aux croisades. Le comte d'Audiffret, père du duc, épousa la fille de M. Pasquier, directeur général des tabacs, frère du chancelier Pasquier. C'est à ce dernier, mort sans enfants, et qui l'avait adopté en 1844, en lui assurant sa fortune, que le député de l'Orne doit son titre ducal. L'année suivante, le jeune d'Audiffret, à peine âgé de vingt-deux ans, entrait comme auditeur au conseil d'État et épousait mademoiselle Fontenilliat, fille du receveur général de la Gironde.

A cette époque, le jeune auditeur rêvait un brillant avenir dans cette carrière du conseil d'État, à laquelle ses études précédentes, le passé de sa famille, sa situation dans le monde, le préparaient si bien et qui pouvait le conduire aux postes les plus élevés de l'Etat. Mais la vie lui réservait d'amères douleurs, et devait briser ses espérances. Ce fut d'abord la révolution de 1848 ; puis, des deuils successifs qui vinrent frapper son cœur de père et le disposer à l'isolement. Peu après, M. d'Audiffret s'établissait en Normandie dans une terre qui lui appartenait. C'est là qu'il a passé vingt années de sa vie, occupé d'agriculture, d'études politiques, au milieu de ses livres, dans la vieille bibliothèque de la famille d'Audiffret, l'une des plus complètes qu'un particulier puisse posséder.

C'est surtout sur l'époque de la Restauration que le jeune châtelain de Sassy portait de préférence ses investigations. Il avait alors essayé de ressusciter les grandes figures de Martignac, du duc de Richelieu, des ministres de ce temps, qui attendent encore leur historien. Parfois, il s'arrachait à ses travaux pour affronter les luttes électorales avec la volonté d'un homme qui se sent le tempérament d'un orateur, et qui veut servir son pays sur le théâtre le plus vaste. C'est ainsi qu'en 1858, il se présentait aux élections du conseil général ; en 1866 et en 1869 à celles du Corps législatif.

En ces trois circonstances, la bataille fut

acharnée. Vainqueur la première fois, le candidat fut vaincu les deux autres, par l'effort d'une pression administrative qui ne déployait pas toujours une perspicacité égale à son énergie. Une revanche lui était due, et au mois de février 1871, le duc d'Audiffret-Pasquier, porté sur la liste conservatrice du département de l'Orne, fut élu député par 64,000 voix, c'est-à-dire dix mille voix de plus que le plus favorisé de ses collègues.

Tel avait été le passé de l'honorable représentant. Il entrait dans la vie publique à l'âge où d'autres ont déjà pu s'y faire un nom illustre. Mais si la pratique des affaires lui manquait, il avait acquis dans la solitude et le travail, des qualités qui devaient l'aider à conquérir rapidement la notoriété. Ayant mesuré l'étendue des périls qui menaçaient le pays, il arrivait dans l'Assemblée, pénétré de la nécessité de créer en France des mœurs politiques et de remettre en vigueur les grands principes oubliés.

En face de la démagogie audacieuse, il songeait à former, non pas une église monarchique; mais un grand parti conservateur; aussi, à peine entré dans le Parlement, il y conquit une influence considérable et fut désigné au mois de mars pour faire partie de la commission des Quinze qui devait assister le gouvernement et représenter auprès de lui l'Assemblée, pendant la lutte avec la Commune. Puis il fut successivement nommé président de la commission des marchés, membre de la commission d'abrogation des lois d'exil, président de la commission de Kerdrel, de la commission chargée des moyens d'améliorer le sort des classes ouvrières, et enfin vice-président de la commission des Trente. Autant dire qu'il ne s'est pas accompli dans l'Assemblée un seul fait considérable auquel le duc d'Audiffret-Pasquier n'ait participé.

Mais c'est surtout dans la commission des marchés qu'il a déployé son activité et son indomptable énergie. Grâce à son impulsion, la commission a examiné quatre-vingt mille dossiers, liquidé onze cent millions et fait restituer au trésor des sommes importantes. Là, M. d'Audiffret-Pasquier a déployé un courage égal à son activité et nous l'avons vu dans toutes les circonstances où la discussion contenait un péril, venir lui-même à la tribune et ne laisser à personne le droit de parler au nom de la commission qu'il présidait. On lui a reproché sa passion. Que ne lui reprochait-on aussi son invincible honnêteté? De même qu'il s'est attelé depuis, avec une ardeur qui n'a d'égale que sa compétence unanimement reconnue, à l'œuvre de la réorganisation militaire de la France, il s'était attaché alors à apprendre au pays ce que peuvent et ce que veulent les radicaux et pour le lui apprendre, à lui montrer comment ils avaient géré les deniers de l'État quand ils étaient aux affaires.

De ce que le duc d'Audiffret-Pasquier se montre ardent et passionné dans les luttes de la tribune, ceux qui ont eu à se plaindre de lui déclarent qu'il est ambitieux. Si c'est être ambitieux que d'aimer son pays, que de le vouloir glorieux et prospère, le représentant de l'Orne mérite l'accusation; mais si l'on veut dire par là qu'il souhaite le pouvoir et rêve les honneurs, on lui prête un rôle indigne de lui et qui est au-dessous de sa taille. Il aime la discussion, il y porte quelquefois, il le reconnaît lui-même, une ardeur violente.

— Pardonnez-moi, dit-il alors avec bonhomie; je n'ai pour les hommes aucune haine, aucun mauvais sentiment.

Rien n'est plus vrai. Il écrivait un jour :

« J'aime la discussion, je la subis sans aigreur, j'aime aussi la *blague* amicale; j'en use, et chez les autres, je la prends toujours pour une marque d'estime que j'accueille gaiement à charge de revanche. » Il a d'ailleurs un visage où se lisent à la fois et l'honnêteté des sentiments et la passion des convictions et l'indulgente bonté. Il est de ceux desquels on peut dire, que si leurs ennemis vivaient avec eux, ils les adoreraient. Sa personne n'a rien qui attire l'attention. Il est de taille moyenne, les épaules sont larges, les mains vigoureuses. Sur ses cheveux coupés ras, la neige des ans se montre précocement; mais dans cette physionomie si vivante, illuminée par un œil clair et bon, il n'y a rien d'un vieillard. Tout est jeune, la tête et le cœur ; l'âme, qui se révèle peu, et aux émotions de laquelle les amis seuls sont initiés, est d'une exquise sensibilité, prompte à l'émotion et toujours ouverte aux mouvements généreux.

Il est dans la vie politique comme sur la brèche ; il ne la quittera que quand le combat sera fini ou quand il sera renversé. Les plans qu'il forme pour l'aveni sont ceux d'un homme qui aime le repos et qui espère le retrouver.

« J'aime, écrivait-il naguère, à vivre dans ce bon temps de la Restauration que vous étudiez aussi avec sympathie ; j'y trouve la trace bénie de mes anciens, de Martignac que vous aimez, du duc de Richelieu dont j'espère achever l'histoire quand la politique me permettra de retourner à ma vie paisible et obscure, au milieu de mes livres, au milieu d'un passé qui me console du présent. J'espère alors publier les mémoires de mon père, je crois qu'on y trouvera de grands enseignements, et qu'après les avoir lus, on rendra justice à cette génération si laborieuse, si patriote qui nous a précédés. J'ai une grande et curieuse collection de documents originaux qui, j'en suis sûr, intéresseront les esprits sérieux; c'est là qu'est mon cœur bien plus que dans la vie agitée que nous menons. »

Cette citation révèle un esprit appliqué, un cœur tendre, un patriotisme profond. Nous voilà bien loin de l'homme tout orgueil, tout haine, sous les traits duquel les ennemis du duc d'Audiffret-Pasquier essayent de le montrer. C'est le type de l'honnête homme dans la plus rigoureuse acception de ce mot; et qu'il s'agisse de sa vie publique ou de sa vie privée, il n'en est pas vers qui on se sente plus attiré et pour lequel on puisse professer une plus légitime sympathie. Il aime la monarchie parce qu'il en a étudié les grandeurs dans le passé et qu'il la croit seule capable de mener à bien la régénération du pays. Le rôle qu'il a rempli dans la crise que nous racontons lui appartenait plus qu'à aucun autre.

A côté du portrait du duc Pasquier, nous devons placer celui du duc Decazes.

Louis-Charles-Elie Amanieu, duc Decazes et

de Glucksberg, est né à Paris, en 1819; il est lè fils aîné du duc Decazes et de Mlle de St-Aulaire, elle-même petite-nièce de la duchesse Holstein-Gluksbourg, qui lui donna le titre de Glucksberg, en Danemark. En 1838, le jeune duc fut attaché à l'ambassade de Vienne, et deux ans après au cabinet de M. Thiers d'abord, à celui de M. Guizot ensuite. Pris en affection par l'illustre ministre du roi Louis-Philippe, révélant des aptitudes remarquables, il était nommé à la fin de 1842, c'est-à-dire à vingt-trois ans, premier secrétaire de l'Ambassade de France à Madrid. Quelques mois après, il était mêlé à l'affaire des « mariages espagnols. » M. Guizot, dans ses Mémoires, signale une série de lettres du duc de Glucksberg, qui permettent d'apprécier le rôle joué par ce dernier dans cette importante négociation.

A la suite du bombardement de Tanger, de la prise de Mogador et de la bataille d'Isly, il fut chargé de négocier le traité de paix avec le Maroc, traité qui règle depuis cette époque les relations entre cette puissance et l'Algérie. Cette double négociation l'avait fait distinguer parmi ses collègues et mis au premier rang ; aussi le retrouvons-nous en 1847 ; ministre plénipotentiaire à Madrid et à la fin de cette même année envoyé extraordinaire en Portugal.

C'est là que la Révolution de 1848 vint surprendre le duc Decazes. Il adressa sa démission au gouvernement provisoire, décidé à ne pas servir la République et ne voulant pas être révoqué ; mais il n'avait pas renoncé pour cela à la vie politique, et lorsque les décrets du 24 novembre 1860 eurent rendu au parlement une partie de son influence et de son autorité, le duc Decazes rêva d'y entrer. En 1863, il fit une première tentative ; il se présenta dans l'arrondissement de Libourne, contre M. Arman. Il échoua ; il échoua de même en 1869. Il est impossible de ne pas regretter les excès de pression officielle qui, fermant systématiquement les assemblées à des hommes d'une incontestable valeur, les jetaient dans les rangs de l'opposition et faisaient d'eux les adversaires du régime qui les avait ainsi combattus. Le duc Decazes fut donc forcé d'attendre.

Il avait repris, en 1864, dans le conseil général de son département, la place qu'il y avait occupée en 1846.

Le 8 février 1871, les électeurs de la Gironde l'envoyèrent à l'Assemblée nationale par plus de 100,000 suffrages. Quoi qu'aient dit M. Gambetta et ses amis sur les volontés du pays dont ils se prétendent les seuls interprètes, il est bien certain qu'en nommant le duc Decazes, les électeurs de la Gironde n'ont pas voulu nommer un radical. En entrant dans l'Assemblée, le duc Decazes avait deux missions à y remplir ; il devait d'abord y défendre les intérêts locaux dont il était le représentant, et ensuite y faire prévaloir les grands principes de conservation et d'ordre au nom desquels il avait été élu. C'est pour cela qu'il fut, dès son arrivée dans la Chambre, un des plus ardents propagateurs de la politique dite du Centre Droit, et un des plus énergiques défenseurs de la liberté commerciale, combattue par le gouvernement de M. Thiers.

Il est à peine nécessaire de rappeler le rôle politique de M. le duc Decazes depuis cette époque. Comme M. d'Audiffret-Pasquier, il a fait partie de la plupart des commissions importantes auxquelles l'examen des grandes questions a été confié. En mars 1871, il était dans la commission des Quinze; plus tard, dans la commission de décentralisation, dans les commissions du budget de 1871 et de 1873, dans la commission de la loi Lefranc, dans la commission des Trente, dans d'autres encore qu'il serait trop long d'énumérer ici.

Le duc Decazes paraît rarement à la tribune mais on peut voir par ce qui précède comment s'exerce son influence; ses collègues sentent en lui une force et une volonté; ils savent que s'il parle peu, ce n'est pas faute d'un véritable talent oratoire. On se rappelle certain discours prononcé dans la discussion des traités de commerce, qui révèle un merveilleux don de parole et l'esprit le plus souple, le plus pénétrant et le mieux fait pour séduire et convaincre ses auditeurs. Le duc Decazes est jeune encore et dans toute la vigueur de sa vie intellectuelle et de sa vie matérielle. Il est de taille moyenne et de tournure svelte, avec un visage animé, que relèvent des yeux presque gris, d'une expression fine, bienveillante et quelquefois malicieuse dans lesquels, en les observant attentivement, on voit se refléter les diverses passions qui agitent l'âme. Sa tête est chauve, mais d'une calvitie si jeune, si élégante et qui sied si bien à l'air de son visage, qu'elle semble le rajeunir. Il porte des longs favoris gris qui rappellent une mode usitée aux bords de la Garonne et qui donnent à sa physionomie quelque chose du type des flegmatiques hommes d'Etat d'Angleterre. Ajoutez à cela l'élégance de la tenue, l'intelligence la plus vive, et sous des dehors un peu froids, une grande chaleur de cœur, beaucoup d'indulgence et d'impartialité à côté de convictions passionnées.

Il ne faudrait pas croire cependant qu'il soit de ceux dont il est aisé de discuter les opinions et qu'il est facile de convertir. Il aime bien la politique d'apaisement et de conciliation; mais à la condition qu'elle ne touche en rien certaines idées, certains principes sur lesquels il est intraitable. C'est quand il les défend, soit dans un groupe d'amis, soit au sein d'une commission, jetant dans le débat au milieu des arguments, la note gauloise de son esprit, qu'on peut se convaincre qu'il n'est pas de ceux desquels on dit avec raison « qu'il est avec le ciel des accommodements, » mais homme à devenir, au contraire, en certains cas, un adversaire inexorable. Néanmoins, on l'aime, car après tout, l'ardeur avec laquelle il défend ses convictions révèle une âme tout d'une pièce, vaillante au bien et énergiquement animée de patriotisme.

Tels sont les deux personnages dont l'influence et l'action, après s'être exercées efficacement et longtemps sur les groupes parlementaires du parti conservateur, se déployèrent tout à coup, avec une activité plus grande, afin de mettre en œuvre les espérances qu'avait fait naître l'entrevue de Vienne et d'en tirer parti. Des hommes de valeur et de bonne volonté les secondèrent de tous leurs efforts. Le général Changarnier, dont le patriotisme est à a hauteur de toutes les situations, M. Bocher, dont la circonspection et la fermeté n'ont d'égale que sa modestie, MM. de Castellane, Othenin d'Haussonville, Bernard d'Harcourt, Anisson-Duperron, Lucien Brun, de Carayon La Tour, Chesnelong, de Sugny, Merveilleux-Duvignaux, Daru, de Cumont, Depeyre, et d'autres encore formèrent avec eux le noyau de l'armée monarchique, fortement unie, dont le duc Pasquier fut l'âme, privé cette fois du concours du duc Descazes, qui venait d'être appelé à l'ambassade de Londres.

Un homme éminent qui longtemps avait combattu dans leurs rangs et à leur tête, leur manquait. Nous voulons parler du duc de Broglie que le 24 mai avait porté au pouvoir et que ses hautes fonctions condamnaient à n'être que le spectateur de la lutte décisive qui allait s'engager. Il ne cessa du moins d'encourager ses amis de ses vœux, et il sut en toutes circonstances concilier ses sympathies avec son devoir.

CHAPITRE III

État des esprits dans l'Assemblée. — Caractère précaire de l'Alliance du 24 mai. — La question du drapeau. — Fausses rumeurs. — Conférence du 27 août. — La monarchie devant la presse et devant l'opinion. — Voyages à Frohrsdorf. — Les opinions du comte de Chambord. — MM. de Sugny et Merveilleux-Duvignaux. — La réunion du 25 septembre. — Union des groupes monarchiques. — Accord sur la nécessité du drapeau tricolore. — M. Combier, le duc de Chartres et le duc de Nemours à Frohrsdorf. — Retour de M. Combier. — Réunion du 4 octobre. — Le Comité des Neuf. — Départ de M. Chesnelong.

Ainsi qu'on l'a vu, l'entrevue de Vienne avait eu lieu en l'absence de l'Assemblée nationale. Tel avait été le désir formel du comte de Paris. Il tenait à éviter que sa démarche et ses intentions fussent portées à la tribune et livrées aux commentaires d'une discussion publique. Si l'Assemblée avait été réunie au moment où le prince se rendait à Vienne, les adversaires de la monarchie n'auraient pas manqué de provoquer un débat. Le mobile patriotique et généreux qui poussait les princes l'un vers l'autre aurait été dénaturé. C'était donc un acte de sagesse d'avoir choisi pour agir, le moment où de tels incidents ne pouvaient se produire.

L'état des esprits dans la Chambre, à cette époque, mérite d'être décrit. La journée du 24 mai avait peu à peu porté ses fruits. Les conservateurs de tous les partis étaient groupés, les uns avec des secrètes espérances, les autres avec résignation, autour du gouvernement du maréchal de Mac-Mahon, et la majorité était acquise au ministère. C'est dans ces conditions que l'Assemblée s'était séparée; mais cet état fort satisfaisant ne pouvait durer au-delà de sa prochaine réunion; et quand se serait engagée la discussion des lois constitutionnelles, on aurait acquis la certitude que l'union du

24 mai, accomplie dans le but de combattre les agissements des radicaux, avait pour terme fatal le jour où les conservateurs, royalistes, impérialistes, républicains modérés, confondus dans la même volonté d'assurer le succès de la cause de l'ordre, verraient, les uns ou les autres, la possibilité de fonder un gouvernement de leur choix ou se refuseraient à en consacrer un autre de leurs votes.

Cette échéance, beaucoup d'esprits politiques l'avaient prévue. Les radicaux, et à leur tête, M. Thiers et ses amis, non encore consolés d'avoir perdu le pouvoir, et d'en être éloignés, la souhaitaient ardemment, avec l'espoir de profiter des dissensions qui se produiraient dans la majorité du 24 mai, si notablement augmentée depuis.

Par conséquent, ce n'est pas, comme on l'a prétendu, ceux qui ont tenté la restauration monarchique, qui ont disloqué la majorité. Celle-ci contenait dans son sein des nombreux éléments de division, destinés à éclater aussitôt qu'on ferait mine d'abandonner le terrain du provisoire pour entrer dans le régime définitif, quel que dût être d'ailleurs ce régime. Les tentatives royalistes n'eurent donc d'autre résultat que d'avancer une inévitable crise.

Cet argument est irréfutable. On ne saurait trop l'invoquer, en réponse à ceux qui persistent à dire que les royalistes ont jeté la division parmi les conservateurs. Loin de vouloir semer la division, ils rêvaient un système de gouvernement, susceptible de rallier à l'ombre du drapeau tricolore, sous la monarchie constitutionnelle et contractuelle, mise d'accord avec la souveraineté nationale, entourée de garanties tutélaires et d'institutions libérales, tous les hommes qui ont souci de l'avenir de leur pays, qui placent son intérêt et sa grandeur au-dessus de leurs préférences personnelles. Ils tentaient de fonder ainsi au-dessus des partis, le parti de la France.

L'œuvre a échoué, non par la faute de ceux qui l'avaient entreprise, ni même par le fait des passions anti-monarchistes déchaînées, mais par la volonté d'un homme. C'est le prétendant qui a repoussé la couronne, ou plutôt qui n'a voulu l'accepter qu'à des conditions que ne pouvaient subir les conservateurs libéraux qui la lui offraient.

La responsabilité de l'échec ne doit donc pas leur être attribuée, et leur défaite n'enlève rien à la grandeur et au mérite de leur patriotique conception.

On les a accusés d'avoir conspiré. On ne conspire pas quand on nourrit le dessein d'agir par les voies légales. Leur dessein n'était pas autre, et leurs efforts tentés au grand jour, suivis par l'opinion d'heure en heure et dans tous leurs détails, n'avaient qu'un but : celui d'arrêter d'accord avec les représentants de la nation et avec le « roi », les conditions et les termes du projet de constitution qui devait être soumis à l'Assemblée nationale dès son retour.

C'est en effet, entre celle-ci et le comte de Chambord, que la question se posait tout entière, au lendemain de l'entrevue de Vienne. Le prince ayant fait précédemment connaître dans des manifestes présents à toutes les mémoires, à quelles conditions il remonterait sur le trône de ses aïeux et ces conditions ayant alors paru inadmissibles, il s'agissait de savoir si la démarche faite auprès de lui par son cousin, en dissipant toute défiance, l'avait ramené à des sentiments moins absolus. Etant donné qu'il n'y aura jamais en France une majorité pour restaurer la monarchie sans lui imposer un programme libéral, toute la question résidait dans le point de savoir si ce programme, le candidat l'accepterait.

Un peu plus tard, et quand ce point d'interrogation se posera devant l'opinion publique anxieuse, les adversaires de la monarchie s'empresseront de déclarer que l'auguste exilé n'est pas libre de revenir sur les paroles prononcées naguère, qu'il ne peut, ni ne doit consentir à aucune concession. Alors commenceront à circuler les récits les plus fantaisistes. On invoquera des lettres qui n'ont jamais été écrites; on prêtera au prince un langage qu'il n'a pas tenu; on prendra prétexte d'articles publiés dans les journaux royalistes et manifestement entachés d'exagération, pour démontrer avec force preuves et arguments, que le comte de Chambord reste l'homme du manifeste du 5 juillet 1871.

Les rumeurs qui remplirent les journaux pendant tout le mois d'août ne tendirent pas à prouver autre chose. On allait jusqu'à prétendre que le prince avait refusé de recevoir plusieurs députés qui s'étaient présentés à Frohrsdorf. On annonçait ouvertement « l'échec de la fusion ». On oubliait ainsi que la démarche du comte de Paris, ayant conservé jusqu'au bout le caractère d'une réconciliation de famille, ne pouvait, alors qu'elle n'avait encore revêtu un caractère politique, donner lieu à aucun mécompte.

La vérité, c'est que depuis le 5 août, aucune démarche n'avait été faite auprès du comte de Chambord et que ni par lui, ni par aucun personnage autorisé, rien n'avait été dit ou écrit qui pût faire supposer que le « *non possumus* » dont on nous menaçait sans cesse, était tombé de sa bouche.

Mais les calomnies qu'on propageait à ce sujet, prouvaient les impatiences et les anxiétés e l'opinion. Elle s'excitait, en effet, pendant que, pénétrés de respect, les royalistes attendaient que le prince parlât.

Pour quelques-uns, il faut le reconnaître, son silence était inquiétant. Ils se demandaient pourquoi, au lendemain de la visite du comte de Paris, profitant des espérances patriotiques que cet événement faisait naître, le comte de Chambord n'adressait pas à la France un manifeste éloquent écrit avec la plume d'Henri IV, par lequel il aurait répondu à l'attente et aux craintes du pays, et appelé à lui tous les conservateurs, tous les hommes de bonne volonté. Oui, il y avait lieu de regretter que les choses ne fussent point ainsi. Mais quelque cuisant que fût le regret, quelque alarmant que pût être le silence du prince, quelque vraisemblables que fussent les commentaires, ils ne justifiaient pas le langage de ceux qui annonçaient « l'échec de la fusion ».

Interrogé à cet égard, un des membres les plus éminents du Centre Droit, ami des princes d'Orléans, écrivait à l'auteur de ce livre, dans le courant du mois d'août :

« Si l'on vous parle de l'échec de la fusion,

» continuez à n'y rien comprendre. Nous avons
» fait, nous autres, simplement et noblement
» notre devoir; nous n'avons pas jusqu'à
» preuve du contraire, le droit d'en conclure
» que nos amis ne sauront pas faire simple-
» ment et noblement le leur. Je me demande
» s'il n'y a point quelque sagesse à eux à
» ajourner la manifestation de leur dernière
» résolution, jusqu'au jour où les conséquences
» en pourront être immédiates et décisives. Il
» peut être en effet habile dans une question
» où les nuances joueront un si grand rôle,
» de ne pas les livrer avant l'heure à la dis-
» cussion. »

Cette explication était logique autant que raisonnable ; mais, même destinée à une grande publicité, elle n'était pas de celles qui dans les crises graves, impressionnent l'opinion et déterminent ses courants. Pour frapper la foule, il fallait autre chose que des paroles ; il fallait des actes. C'est aux chefs du Centre Droit que revient l'honneur de l'avoir compris les premiers et d'avoir pris l'initiative des négociations qui pouvaient conduire au but.

On touchait alors à la fin du mois d'août. Les hommes politiques étaient encore dispersés par les vacances et les plaisirs de la villégiature. Il y avait à Paris et à Versailles peu de députés, et ce n'est guère que lorsque se réunissait la Commission de permanence, que quelques-uns des personnages les plus influents de l'Assemblée trouvaient l'occasion de converser entre eux. C'est ainsi que tous les membres de la commission, appartenant à la Droite et au Centre Droit, se rencontrèrent le jeudi 27 août avec plusieurs de leurs collègues qui partageaient leurs opinions, et qui étaient venus pour connaître les nouvelles. Convoqués les uns et les autres dans un des bureaux de la Chambre, ils purent se communiquer à cœur ouvert toutes leurs pensées.

C'est le duc d'Audiffret-Pasquier qui prit d'abord la parole. Il rappela brièvement la démarche du comte de Paris. Puis s'étant fait l'interprète de l'impatience avec laquelle le pays en attendait le résultat, il s'attacha à démontrer qu'il n'était pas possible de retarder plus longtemps l'étude préparatoire de la situation et la décision qui devait être prise par les groupes conservateurs. Il exposa la doctrine du Centre Droit, se résumant en ces mots : Monarchie constitutionnelle, avec le drapeau tricolore et les institutions qui existent chez tous les peuples libres, autrement dire : gouvernement du pays, par le pays, sans qu'il en coûte rien à la dignité du roi.

Cette forme de gouvernement était celle sur les conditions de laquelle dix-huit mois auparavant et dans les documents dont nous avons publié le texte dans le chapitre précédent, la Droite et le Centre Droit s'étaient mis d'accord. L'exposé du duc d'Audiffret-Pasquier ne pouvait donc soulever aucune objection. Il demeurait fidèle aux engagements pris, il le rappela ; mais il ajouta qu'il était nécessaire que le comte de Chambord fît connaître ses intentions, afin qu'on sût avant l'ouverture de la prochaine session, si la restauration monarchique était possible ou ne l'était pas.

Ce fut là le véritable point de départ des agissements parlementaires. C'est en ces termes que les « conspirateurs et les intrigants » tentaient la restauration, c'est-à-dire, en se demandant si la volonté du comte de Chambord permettrait de soumettre au vote de l'Assemblée un projet de monarchie susceptible de rallier tous les suffrages.

Peu de jours après, la question se posait dans les journaux, en des termes identiques. La *Presse*, dans un article où l'on reconnaissait l'esprit politique et la plume de son éminent directeur, le vicomte de la Guéronnière, s'adressant aux feuilles qui représentent spécialement les intérêts et les doctrines du comte de Chambord, les adjurait de s'expliquer. Il traçait à grands traits le programme de la monarchie constitutionnelle, et leur disait : « Ce programme, l'acceptez-vous? » A cette question les journaux légitimistes répondaient mécontents : « Vous n'avez pas le droit d'interroger. » Mais la *Presse* insistait et après une polémique courtoise, elle obtenait des légitimistes ces mots : « Qu'on nous accorde un répit. » Cette phrase qui n'engageait l'avenir, ni par une acceptation, ni par un refus, indiquait clairement, et personne ne pouvait l'entendre d'une autre manière, que les amis du comte de Chambord étaient résolus à agir auprès de lui, ou même agissaient déjà, et qu'on attendait le résultat de leurs démarches.

L'opinion le comprit ainsi. Elle comprit qu'une heure solennelle approchait, et c'est alors qu'on vit les premiers éléments d'une coalition se former contre la monarchie encore à naître, coalition dont nous reparlerons dans un autre chapitre et à laquelle nous ne voulons faire en ce moment qu'une simple allusion afin de ne pas couper le fil de notre récit.

On agissait en effet. Après l'entrevue de Vienne, plusieurs députés s'étaient rendus auprès du comte de Chambord. C'est à eux qu'il avait fait connaître les sentiments éveillés en son âme par la démarche du comte de Paris. Personne n'avait osé aborder devant lui les questions politiques, ni celle de la constitution, ni celle du drapeau, et son sentiment actuel ne paraissait pas encore différer des opinions mainte fois exprimées.

« Je ne suis pas un candidat à la royauté, » avait-il dit, mais un principe de gouverne-

» ment. Si la France veut le gouvernement » que je représente et qui est le seul que je » puisse lui donner, alors je suis à sa disposi- » tion et je veux bien traiter avec l'Assemblée » de Versailles, qui est l'organe légal de la » nation. Que si au contraire, on ne veut » qu'une monarchie de circonstance, destinée » à légaliser les courants révolutionnaires et à » leur apporter une digue temporaire que la » première génération renversera, alors, il est » inutile de m'appeler. Je sais bien que j'ai » des principes impopulaires, mais ces prin- » cipes sont ma force, ma raison d'être, et je » ne puis pactiser, au fond, avec ce que je » considère comme l'erreur, comme la cause » du désarroi de la France. »

A première vue, on pouvait redouter que les « principes impopulaires » fussent dans sa pensée, un retour à l'ancien régime. Mais, une lettre écrite le 19 septembre, au vicomte de Rodez-Bénavent, dont nous avons déjà cité un fragment, donnait à cette appréciation le plus formel démenti. Répondant aux arguments misérables et mensongers de la « propagande révolutionnaire » il s'exprimait ainsi :

« En être réduit, en 1873, à évoquer le
» fantôme de la dîme, des droits féodaux, de
» l'intolérance religieuse, de la persécution
» contre nos frères séparés; que vous dirai-je
» encore, de la guerre follement entreprise
» dans des conditions impossibles, du gouver-
» nement des prêtres, de la prédominance des
» classes privilégiées ! Vous avouerez qu'on
» ne peut pas répondre sérieusement à des
» choses si peu sérieuses. A quels mensonges
» la mauvaise foi n'a-t-elle pas recours lors-
» qu'il s'agit d'exploiter la crédulité publique ?
» Je sais bien qu'il n'est pas toujours facile,
» en face de ces indignes manœuvres, de con-
» server son sang-froid ; mais comptez sur le
» bon sens de vos intelligentes populations
» pour faire justice de pareilles sottises. Ap-
» pliquez-vous surtout à faire appel à tous
» les honnêtes gens, sur le terrain de la recon-
» stitution sociale. Vous savez que je ne suis
» point un parti, et que je ne veux pas revenir
» pour régner par un parti : j'ai besoin du

» concours de tous, et tous ont besoin de » moi. »

Un si noble langage était fait pour rassurer les conservateurs libéraux. Il ne leur donnait pas, il est vrai, satisfaction quant à la constitution et au drapeau. Mais, il laissait ces deux questions intactes, et l'espérance de ceux qui croyaient qu'elles seraient résolues conformément au vœu général, restait entière.

Parmi les représentants qui se rendirent alors à Frohrsdorf, il en est deux dont le voyage prit tout à coup le caractère d'une mission et l'importance d'un événement politique. L'un était M. de Sugny, député de la Loire, l'autre M. Merveilleux-Duvignaux, député de la Vienne. Ils appartenaient l'un et l'autre à la partie la plus modérée de la majorité. Le premier s'était fait connaître par son active collaboration aux travaux de la Commission chargée de procéder à une enquête sur les actes du gouvernement de la Défense nationale et par d'importants rapports sur quelques-uns des événements de cette époque. L'autre moins connu dans le public, jouissait d'un certain crédit dans l'Assemblée où sa sagacité et la fermeté de ses principes s'étaient fréquemment révélées.

Leur voyage fût la conséquence de la réunion du 27 août. Arrivés à Frohrsdorf vers le 15 septembre, ils eurent deux entrevues avec le comte de Chambord. Dans la première, ils exposèrent le but de leur démarche. Ils déclarèrent au prince qu'ils n'avaient point à lui poser un ultimatum, que leur mission consistait à lui exposer la situation actuelle, réelle, telle qu'elle ressortait des réunions tenues à Versailles.

— Trois questions ont préoccupé nos collègues, dirent-ils. On vous accuse d'avoir sur la question religieuse des idées dangereuses, de vouloir revendiquer même par les armes les droits temporels du Saint-Siége. On prétend que vous voulez imposer au pays une Constitution et non l'accepter de ses représentants. On désire savoir enfin ce que vous pensez, quant au drapeau.

Le comte de Chambord répondit sur les trois propositions qui lui étaient soumises.

— Mon retour, dit-il, d'abord, ne sera pas, ainsi que l'affirment les ennemis de la monarchie, le signal d'une guerre religieuse. Si le roi va à confesse, il ne contraindra personne à y aller. Je ne me crois pas obligé de faire le salut éternel de toute la France; je me crois obligé de faire le mien et c'est déjà assez. Quant aux intentions qu'on me prête vis-à-vis de l'Italie, voici ma réponse : Le monarque quel qu'il soit, qui montera sur le trône de France, n'aura en main qu'un tronçon d'épée. Il ne saurait avec cela engager la France dans une guerre, même pour une cause sacrée à ses yeux. Je suis catholique convaincu; mais, je ne me crois pas en droit d'engager les destinées de la France dont la politique doit être une politique de recueillement, de paix.

En ce qui touche la Constitution, il ajouta :

— Je ne veux pas imposer une constitution à la France. Mais je ne pense pas qu'il y ait lieu pour elle, de m'en imposer une toute faite. La Charte de 1814, appropriée aux circonstances, débattue entre mes délégués et ceux de l'Assemblée, n'est-elle pas de nature à satisfaire tous les intérêts? Quant aux libertés de 1789, elles n'ont rien à craindre de moi. Je suis partisan du suffrage universel honnêtement pratiqué. J'ai d'ailleurs à cet égard, certaines idées que je ferai connaître quand il sera temps.

Il dit encore :

— Ce serait une grande erreur de supposer que si je prends le pouvoir, je n'appellerai que mes amis à faire partie du gouvernement. Je suis toujours sûr de les trouver quand j'aurai besoin d'eux. Je dois surtout m'entourer d'hommes qui sans être mes amis personnels, seront les amis de mon règne et auront aussi l'expérience des affaires. Je veux l'accession de tous à toutes les fonctions. Je serai le roi de mon temps, le roi de tous et non le roi de l'ancien régime.

Enfin dans un moment d'expansion, il s'écria :

— Si je dois monter sur le trône, ce sera en 1873, ou ce ne sera jamais. C'est l'Assemblée actuelle qui doit faire la monarchie, et non une autre.

Il donnait à entendre ainsi qu'il comprenait

toute la gravité des négociations en ce moment engagées et leurs conséquences possibles.

Ces déclarations, on le voit, laissaient hor de tout débat la question du drapeau. Voulant connaître son sentiment à cet égard, un des délégués lui dit :

— L'Assemblée nationale ne fera jamais la monarchie qu'avec le drapeau tricolore.

— C'est ce que je ne sais pas, répondit le prince.

Il fut impossible d'obtenir de lui, une parole moins évasive. Il est d'ailleurs à remarquer que jusqu'au moment où il fut mis par M. Chesnelong en mesure de s'expliquer sur ce point spécial, le prince eut soin de ne prononcer aucun mot qui pût l'engager dans un sens ou dans un autre.

MM. de Sugny et Merveilleux-Duvignaux le quittèrent donc sans avoir pu pénétrer toute sa pensée. Ils étaient cependant satisfaits des déclarations importantes qui leur avaient été faites. Revenus à Paris, le 22 septembre, ils s'empressèrent de faire connaître à leurs collègues le résultat de leur voyage.

Le lendemain, une nombreuse et importante conférence eut lieu chez le duc Decazes. On y délibéra sur les nouvelles apportées de Frohrsdorf. On déclara qu'elles étaient de nature à cimenter l'alliance définitive de toutes les fractions du parti monarchique ; on décida enfin qu'une réunion des membres de ce parti serait convoquée à Versailles pour le lendemain, jeudi 25 septembre, à l'issue de la Commission de permanence.

Les lettres de convocation, lancées aussitôt, amenèrent à Versailles, au jour dit, environ soixante députés appartenant à la Droite et au Centre Droit. Durant la route, entre Paris et Versailles, l'un d'eux, le duc d'Audiffret-Pasquier prit place dans le même wagon que M. Léon Say qui se rendait à la Commission de permanence ?

— Eh bien, lui dit ce dernier, vous allez donc faire la monarchie?

— Je l'espère.

— Oh ! elle est faite ! rien ne saurait entraver vos projets ; elle est faite. Mais vous commettez une grande faute.

— Vous n'êtes pas bon juge, en pareille matière, mon cher collègue, répondit le duc. Vous et tous les amis de M. Thiers, aussi bien que M. Thiers lui-même, vous vous êtes trompés deux fois, la première, quand vous avez cru que la majorité était incapable d'abnégation et de discipline ; nous vous avons répondu le 24 mai ; la seconde, quand vous avez cru que le parti radical était désintéressé et docile. Il vous a jeté M. Barodet dans les jambes et vous a tués. Par conséquent, ne parlez pas de faute aujourd'hui.

M. Léon Say ne répondit pas. Mais, il est probable que le lendemain, il rapporta ces paroles à M. Thiers qui était rentré de son voyage en Suisse et qui sans doute ne fut pas mieux que lui en état de répondre à cet argument décisif.

La réunion s'ouvrit à trois heures dans l'un des bureaux de l'Assemblée. Le duc d'Audiffret-Pasquier, fut prié d'occuper le fauteuil présidentiel. Il prit la parole aussitôt.

Il déclara que l'heure était venue pour tous de s'expliquer et que le Centre Droit, c'est-à-dire le parti des parlementaires, des politiques, comme on disait au temps de la Ligue, avait le droit de connaître les intentions de la Droite. Il exposa les points qui jusqu'à ce jour, avaient réuni les deux groupes, et les points qui les avaient divisés. « Pour arriver à l'union, pour la maintenir, pour la consacrer, dit-il, nous avons fait, en toutes circonstances, preuve d'une abnégation sans exemple. » Il cita toutes les circonstances où le Centre Droit avait sacrifié ses vues, ses sympathies, ses préférences à l'union conservatrice, depuis le jour où il se taisait, en dépit des actes qui pouvaient lui déplaire et des manifestes de M. le comte de Chambord et cédait sur tous les points, jusqu'au moment où le comte de Paris était allé abdiquer les prétentions qu'on lui prêtait, entre les mains du comte de Chambord. « Nous vous avons tout donné, s'écria l'honorable duc. Nous avons fait tout ce que nous pouvions faire. Ne nous demandez rien de plus. Nos poches sont vides. Nous n'avons pas le droit de sacrifier nos convictions les plus chères et cela nous ne le ferons jamais. La seule monarchie à laquelle nous puissions consacrer nos efforts, c'est la monarchie tricolore. C'est celle que vous devez faire accepter de M. le comte de Chambord, parce que la France n'en accepterait pas d'autres. »

Ce noble langage émut les cœurs. Il répondait au besoin d'entente qui animait tous les assistants. On comprenait que tous les points sur lesquels, longtemps, il y avait eu divergence, ayant peu à peu disparu, celui qui restait encore debout, — la question du drapeau, — devait être abordé résolûment.

Le comte de Maillé, député de Maine-et-Loire, membre de la Droite, tout dévoué au comte de Chambord, dont le langage faisait autorité, demanda à répondre. — Il ne saurait subsister un doute entre nous, s'écria-t-il. Tous ici, nous voulons le drapeau tricolore. Entre ceux dont le duc Pasquier s'est fait l'interprète et nous, la visite de M. le comte de Paris, a créé un engagement d'honneur. Nous ne pouvons plus nous diviser. Pour moi, je le déclare, quoique je sois un vieux monarchiste, quoique toute ma vie, — elle est déjà longue, — j'aie souhaité de voir le roi sur le trône, je déclare que je ne comprends d'autre monarchie que la monarchie constitutionnelle, d'autre drapeau que le drapeau tricolore et que si l'on voulait nous en imposer un autre, je renonçerais à voir revenir le roi.

Le baron de Jouvenel, député de la Corrèze, dont le nom jouissait dans l'Assemblée d'autant de considération que d'influence, prêta à la défense du drapeau national, le secours de son éloquence et impressionna l'assistance.

M. de Carayon La Tour, le type le plus chevaleresque du courage et de l'honneur, se leva les larmes aux yeux, déclarant que jusqu'à ce jour, sa vie avait été au service du comte de Chambord, mais qu'il était prêt maintenant à la donner aussi pour le comte de Paris, et pour son fils, le jeune duc d'Orléans, l'espoir de la monarchie.

L'émotion était à son comble, l'assemblée électrisée et ces hommes convaincus, honnêtes, animés des intentions les plus patriotiques, se serraient les mains, comme pour mieux affirmer l'union définitivement consacrée de toutes les fractions monarchiques.

Quand l'émotion se fût un peu calmée, le duc de Larochefoucault-Bisaccia demanda au duc Pasquier de vouloir bien substituer à l'expression de « monarchie tricolore, » dont il s'était servi, ces mots : « monarchie du drapeau tricolore, » et M. Combier, député de l'Ardèche, annonça qu'il avait hâte de faire connaître au comte de Chambord la manifestation qui venait d'avoir lieu.

Enfin, le duc Decazes proposa de charger les bureaux des trois réunions dites : réunion Changarnier, du Centre Droit et des Réservoirs, de rédiger un programme des résolutions communes. Cette proposition fut adoptée, à l'unanimité des membres présents.

Telle fut la journée du 25 septembre. Aucune décision ne fut prise, l'assemblée n'ayant pas qualité pour engager les absents. Mais, ce qui fut constaté, ce qui demeura acquis, c'est le complet accord sur la nécessité du rétablissement de la monarchie, et la conviction que le comte de Chambord n'avait rien dit à MM. de

Sugny et Merveilleux-Duvignaux qui pût autoriser quelqu'un à penser qu'il nourrissait l'intention de régner d'après des principes incompatibles avec les idées modernes.

Les incidents que nous venons de rapporter imposaient cependant des graves obligations à la Droite. Elle le comprenait. Le Centre Droit ayant si généreusement accompli son devoir avait le droit d'attendre d'elle qu'elle remplît le sien jusqu'au bout. Ce devoir consistait actuellement à insister auprès de M. le comte de Chambord, afin d'obtenir de lui qu'il cédât sur les divers points où sa volonté restait encore en désaccord avec la volonté des représentants de la nation.

C'est sous l'empire de ces sentiments que M. Combier partit pour Frohrsdorf, afin de faire connaître l'état des esprits à Versailles. Mais, il dut constater que si le comte de Chambord était disposé à faire des concessions sur divers points, il en est d'autres au sujet desquelles son hésitation durait toujours. « Il ne voulait pas aller à la France ; il voulait que la

France vînt à lui » Quant au drapeau, il dit à M. Combier :

— Le roi rétabli sur le trône pourra prendre le drapeau tricolore ; mais le prince exilé depuis quarante-trois ans, ne peut l'accepter, et abandonner le sien, sans s'amoindrir. Qu'on m'appelle sans conditions et toutes les questions litigieuses seront facilement résolues.

M. Combier ne put obtenir d'explications plus décisives, même quand il allégua que sans des engagements formels, il serait impossible de former une majorité pour voter la monarchie.

Le prince s'enfermait dans son système, ce qui fit dire un peu plus tard et quand son attitude fut connue, aux journaux opposés à la monarchie « qu'il voulait célébrer la noce avant de signer le contrat. »

Le voyage du député de l'Ardèche fut donc sans résultat. Il était évident que l'obstacle à tout arrangement résidait dans l'opinion de la majorité touchant le drapeau et dans le sentiment contraire du prince, sentiment que son silence, en toute circonstances affirmait énergiquement.

Ce n'est pas seulement par M. Combier qu'on en eut la preuve. Le 29 septembre, le duc de Chartres s'était rendu à Frohrsdorf, afin de faire à son cousin la visite qu'il n'avait pas pu faire en même temps que le comte de Paris. Il en revint, enchanté de l'accueil cordial qu'il avait reçu et de la confiance qu'on lui avait témoignée, mais sans avoir pu aborder le point capital. Il essaya cependant d'y toucher. Pendant un entretien assez long, il dit :

— La restauration de la monarchie dépend de vous.

On ne lui répondit pas.

Cependant qui pouvait plaider la cause du drapeau tricolore mieux que le jeune prince qui avait été un héros sous le nom de Robert-le-Fort et qui représentait en ce moment l'esprit de l'armée française ?

— Voyez mon uniforme, aurait-il pu dire ; voyez la croix qui brille sur ma poitrine. Cet uniforme et cette croix, portés partout avec honneur, c'est à l'ombre du drapeau tricolore qu'ils se sont glorifiés; et nul de ceux qui en ont été honorés ne veut renoncer à ce drapeau qui, dans les jours de péril, fut leur égide et leur souci. Vous ne voudrez pas vous fermer la France, en tentant de lui en imposer un autre. Le drapeau blanc, glorieux aussi, ne représente que le passé : le drapeau tricolore, c'est la France moderne, la France libérale, la France parlementaire, la France chrétienne. On ne l'a jamais vu dans les rangs de l'émeute. Il a connu des douleurs sans exemple; mais il est pur de toute souillure.

Un tel langage eut impressionné le comte de Chambord. Est-ce parce qu'il redoutait d'y être sensible qu'il ne voulut pas l'entendre? Le duc de Chartres rentra en France sans avoir pu parler.

Peu de jours après lui, le duc de Nemours se trouvait à Frohrsdorf. Une lettre écrite de Vienne, en date du 7 octobre, résumait comme suit son opinion :

« Le duc de Nemours est convaincu que le » comte de Chambord n'est pas actuellement » disposé à faire la concession du drapeau. Il

» se croit maître de la situation; il est per-
» suadé qu'on ne peut se passer de lui, que la
» monarchie est faite dans les esprits, et que
» s'il ne fait pas un pas vers nous, la majorité
» de l'Assemblée sera obligée de faire tous les
» pas vers lui. Il est à craindre que quand il
» sera éclairé sur la vraie situation, quand il
» comprendra qu'il faut opter entre régner
» avec le drapeau tricolore ou achever sa vie
» dans l'exil, il optera pour l'exil. »

Dans une autre lettre, cette appréciation se trouve ainsi confirmée :

« On se fait de grandes illusions à Paris.
» Je vois ici bien des personnes qui vivent
» depuis vingt ans dans l'intimité du comte
» de Chambord et qui me donnent l'impres-
» sion qu'il n'est disposé à aucune concession. »

Ces impressions exagerées peut-être, connues et propagées dans les groupes politiques, nécessitaient des résolutions immédiates et décisives. Déjà l'opinion s'était émue, alarmée et avec sa mobilité accoutumée, avait conçu des doutes sur la possibilité de fonder la monarchie. Elle estimait que les promoteurs de la tentative ayant, comme on dit, brûlé leurs vaisseaux, n'avaient plus la ressource de se rejeter sur a prorogation des pouvoirs du maréchal Mac-Mahon, et que la question se poserait inévitablement entre la monarchie et la république. Or, comme elle était convaincue qu'une proposition de république ne réunirait pas la majorité dans l'Assemblée ; comme d'autre part, le roi faisait défaut à la combinaison monarchique, en refusant d'accepter le drapeau national, elle entrevoyait au bout d'essais successifs, avortés, se dresser sur le pays, le spectre de l'anarchie, prêt à dominer facilement le parti conservateur, réduit à l'impuissance par ses divisions et par la faute du roi.

Cette perspective n'était pas exagérée. Le chapitre suivant en racontant les agissements des partis avancés, démontrera combien le péril devenait extrême. Toutes les fractions de la Gauche entraient en campagne sous la direction de M. Thiers. A quelque décision qu'on dût s'arrêter, l'intérêt du pays exigeait qu'elle fût immédiate.

Une conférence nouvelle eut lieu le 4 octobre, chez M. Aubry, député des Vosges.

Le secret des délibérations fut scrupuleusement gardé. On ignora heureusement ce qui s'y était passé. La réunion fut loin d'offrir la même sérénité, la même union que celle du 25 septembre.

Les membres de l'extrême Droite y étaient en plus grand nombre et leur langage, loin de confirmer celui de M. de Maillé, parut vouloir l'affaiblir, comme si ce dernier se fût engagé plus qu'il n'en avait le droit. Une discussion très-vive s'ouvrit, sur la question de savoir si l'alliance précédemment conclue, devait être maintenue, malgré le peu de succès des négociations poursuivies à Frohrsdorf. Chacun dit sa pensée sans réticence et sans ambages, et cette franchise mutuelle eut pour résultat de mettre en relief, de nouveau, la sincère volonté de tous d'arriver au but commun.

S'efforçant de concilier l'opinion du Centre Droit et les hésitations du comte de Chambord, la Droite modérée proposa une formule ainsi conçue :

« Les emblèmes actuels seront maintenus tant qu'ils n'auront pas été modifiés par une loi. »

Mais, les membres du Centre Droit repoussèrent cette proposition comme impliquant une renonciation possible dans l'avenir au drapeau tricolore. Ils maintinrent énergiquement ce drapeau sans conditions ni concessions. En outre, le duc Pasquier déclara qu'on ne pouvait ajourner au-delà d'une date prochaine une décision que le pays attendait anxieusement.

Il fallait donc arrêter les moyens pratiques d'aboutir rapidement, ou rompre les négociations. Cette dernière hypothèse fut énergiquement écartée. On reprit alors la proposition précédemment faite par le duc Decazes, et huit commissaires choisis, deux dans chacun des quatre groupes de la majorité, furent désignés afin de se réunir sous la présidence du général Changarnier, de formuler une proposition définitive et de la faire accepter par qui de droit. Cette commission de neuf membres et qui prit le nom de Comité des Neuf, se composait de

MM. le général Changarnier, président; Combier, de Tarteron, le duc Pasquier, Callet, Daru, Baragnon, de Larcy et Chesnelong. On souhaitait que le duc Decazes en fît partie. La netteté de son esprit, l'ardeur de ses convictions lui marquaient une place dans le Comité. Il dut refuser d'y entrer. Il venait d'être nommé ambassadeur de France à Londres et son départ était prochain.

— Il y a lieu d'agir sans retard, ajouta le duc Pasquier. Il me paraît convenable qu'une réunion générale ait lieu le jeudi 18, à Versailles, après la Commission de permanence. Si, à cette date, la question du drapeau n'a pas été résolue, le Centre Droit reprendra sa liberté d'action.

Dès sa première réunion, qui eut lieu peu de ours après chez le général Changarnier, le Comité des Neuf reconnut la nécessité de soumettre au comte de Chambord la situation du pays et des partis et de lui arracher une réponse nette et décisive. Il ne s'agissait pas seulement du triomphe de la cause monarchique, mais encore du salut du pays. On décida donc de lui envoyer un délégué qui serait spécialement chargé de lui indiquer les nécessités et les possibilités de la situation, soit sur la question constitutionnelle, soit sur la question du drapeau. Puis, quand on eut à désigner ce délégué, tous les suffrages se portèrent sur M. Chesnelong.

Homme d'âge et d'expérience, connu par un séjour plein d'éclat dans le Corps législatif de l'empire, rompu aux affaires et aux négociations, doué d'une parole chaude et entraînante, fin comme un méridional, le député des Basses-Pyrénées était bien le mandataire qui convenait le mieux à la mission qu'il s'agissait d'accomplir. Sorti du peuple, fils de son travail et de ses œuvres, il devait inspirer confiance à la bourgeoisie, qui saurait qu'elle aurait en lui devant le prince, un vigoureux défenseur de ses droits. Énergiquement attaché à la cause de l'ordre et au principe d'autorité, défenseur, en d'autres temps, des droits du Saint-Siége, il représenterait, aux yeux du comte de Chambord, l'esprit moderne et l'opinion de la majorité des Français. — La république de Venise, quand elle envoyait autrefois ses ambassadeurs dans le monde entier, la république des États-Unis aujourd'hui, auraient choisi pour négociateur ce personnage avisé, sagace, à l'œil vif, aux traits fins ; et, quoique M. Gambetta et ses amis lui aient démocratiquement reproché de n'être qu'un drapier, nous persistons à penser que M. Chesnelong était digne, en tous points, de la tâche imposée à son patriotisme.

Il essaya d'abord de s'y soustraire. Elle l'effrayait. Toutefois, devant l'insistance de ses collègues, il s'y résigna et se prépara à partir. Mais, désireux d'être présenté au comte de Chambord par l'un des habitués de Frohrsdorf, il se rendit chez M. Lucien Brun.

—Je vais à Frohrsdorff et je viens vous prier de m'accompagner.

— C'est que le prince n'y est pas et j'ignore où il est. Je vais m'en informer, et, dès que j'aurai une réponse, je vous la ferai tenir.

M. Chesnelong n'attendit pas longtemps. Le lendemain, M. Lucien Brun vint le trouver et lui dit :

— Je reçois à l'instant une dépêche du comte

de Chambord. Il est à Salzbourg, dans la Haute-Autriche et m'invite à l'y rejoindre avec Cazenove de Pradines et Carayon La Tour. Voulez-vous partir avec nous ?

— Annoncez-lui d'abord le désir que j'ai d'être reçu par lui et la mission dont je suis chargé, répondit M. Chesnelong après avoir réfléchi. S'il lui plaît de me recevoir, appelez-moi.

Deux jours après, une dépêche de M. Lucien Brun mandait M. Chesnelong à Salzbourg. C'était le 12. Il quitta Versailles dans la soirée.

CHAPITRE IV.

Les élections du 12 octobre. — La Gauche et le Centre Gauche. — Le jeu de M. Thiers. — M. Casimir Périer et M. Léon Say. — Audace croissante de la coalition. — L'incident Napoléon-Portalis. — Un salon parisien. La lettre du prince. — Attitude du parti bonapartiste. — Bain d'eau bénite et bain de pétrole. — Coup d'œil sur la presse. — La neutralité du gouvernement. — Deux discours du duc de Broglie. — Voyage de M. Chesnelong. — Entrevue avec le comte de Chambord. — Un procès-verbal officiel.

Au moment où M. Chesnelong partait pour Salzbourg, quatre départements, appelés à élire des députés, se prononçaient, en grande majorité, pour des candidats républicains.

Cette élection tirait des tentatives monarchiques et des circonstances que traversait le pays une importance qu'il eût été puéril de nier, mais que les organes de la coalition ne laissèrent pas d'exagérer. Elle ne signifiait pas, ainsi qu'ils le prétendirent, que la France était hostile à la monarchie. Mais elle prouvait la lassitude du corps électoral, en présence des alternatives auxquelles on le soumettait et de l'indécision du comte de Chambord.

Les conservateurs, découragés par l'attente, s'étaient abstenus pour la plupart, prouvant une fois de plus que le suffrage universel n'est un instrument utile aux mains du parti de l'ordre qu'autant qu'il entrevoit le succès, au terme de la lutte à laquelle on le convie.

Ce résultat était surtout l'œuvre de M. Thiers. Dans le département de la Haute Garonne, les élections avaient revêtu un caractère particulier qui trahissait sa main. C'est à l'alliance des républicains de toutes nuances et même d'un groupe important des bonapartistes que M. de Rémusat devait d'être élu. Une inspiration identique avait présidé aux élections de la Nièvre, de la Loire et du Puy-de-Dôme. La puissance de la coalition s'affirmait partout avec éclat, mise en œuvre, avec un art infini, par l'ancien président de la République, irrité autant qu'inconsolable d'avoir perdu le pouvoir le 24 mai, et jaloux de le reconquérir par tous les moyens.

Autour de lui, s'étaient groupés les hommes de la Gauche extrême et ceux de la Gauche modérée. Le Centre Gauche, absorbé par des personnages d'opinion avancée, grossissait leurs rangs. Les impérialistes ne devaient pas tarder à se joindre à ce corps d'armée, et toutes ces forces, sous la direction de M. Thiers, se préparaient à livrer la bataille contre les partisans de la monarchie. On pouvait trouver étrange que M. Rouher consentît à faire campagne avec M. Gambetta. Toutefois, c'était toujours l'école révolutionnaire qui se révélait dans ces agissements compromettants.

Mais que penser de l'attitude d'hommes tels que MM. Léon Say, Casimir Périer, Alfred André, Sébert, Drouin, Cézanne et autres, qui se prononçaient contre la monarchie, sans comprendre que leur conduite fournissait au parti radical des armes redoutables? C'est encore l'influence de M. Thiers qui se manifestait. L'ex-président était rentré à Paris, au moment où la crise atteignait son degré le plus aigu et n'avait cessé, par ses actes et son langage, de contribuer à l'aggraver. Tout excité encore, par les ovations dont il avait été l'objet en Suisse et à la frontière de l'Est, convaincu que la France blâmait énergiquement ceux qui l'avaient renversé, résolu à leur créer des embarras, appuyé dans ce but sur les républicains les plus avancés, il s'exprimait en termes violents contre les tentatives monarchiques :

— La monarchie est devenue désormais impossible en France, disait-il ; vouloir la ramener par un vote pur et simple de la Chambre actuelle, avec n'importe quel drapeau, serait aussi insensé que criminel. Insensé, parce que, n'ayant plus aucune chance de la voir se maintenir, la proclamer mériterait d'être considéré comme la plus folle des aventures ; criminel, parce que, dans les graves conjonctures où se trouve la France, nul n'a le droit de lui imposer une forme nouvelle de gouvernement sans l'avoir préalablement consultée.

Dans son désir d'organiser la résistance, tous

les alliés lui étaient bons. A son exemple et sur son conseil, le comte de Rémusat n'avait pas dédaigné la sympathie et l'appui du citoyen Duportal. M. Thiers toléra de même que son salon devînt une succursale de la rue Grôlée. C'est là que les hommes les plus avancés venaient chercher le mot d'ordre. A Paris comme dans les départements, ses plus ardents partisans étaient recrutés parmi les personnages qui l'avaient précédemment appelé « sinistre vieillard » et qui soutenaient, en 1871, la Commune insurrectionnelle. « Si nous savons demeurer unis et marcher sous la bannière de M. Thiers, écrivait M. Naquet aux électeurs de Vaucluse, l'issue du combat n'est pas douteuse. » MM. Gambetta, Gent, Challemel-Lacour, qui n'avaient pas eu assez de railleries et d'injures pour la République « conservatrice, » défendaient énergiquement la politique de M. Thiers.

— Si la monarchie est proclamée par la Chambre, disait M. Gent, le Midi se soulèvera comme un seul homme. M. Thiers est à notre tête et ne reculera pas d'une semelle.

M. Gent, nous voulons le croire, prenait ses

désirs pour des réalités. Mais n'était-ce pas un symptôme bien grave pour M. Thiers, que les hommes de désordre eussent trouvé dans sa conduite un motif d'affirmer qu'il marcherait avec eux? A ces signes, on pouvait mesurer la route parcourue par lui depuis le 24 mai, et deviner ce que serait son rôle, si les doctrines de ses alliés l'emportaient.

Son but était-il de remonter au pouvoir?

Cette question vivement discutée n'est point encore résolue. S'il rêva la présidence de la République, il y renonça bientôt, ou tout au moins s'efforça de cacher ses idées. Est-ce que ses alliés n'étaient pas résolus à le soutenir jusque-là? Est-ce que lui-même n'était pas assuré de leur appui? L'une et l'autre de ces hypothèses sont admissibles, puisque les noms du général Chanzy, de l'amiral Pothuau, de M. Grévy furent mis en avant comme ceux des candidats désignés par lui-même pour la présidence de la République.

Peu après son retour à Paris, il était donc devenu l'âme de la coalition, allant même jusqu'à quémander le concours des bonapartistes pour la lutte décisive. Son génie d'intrigue s'exerçait à l'aise dans ce mouvement et son activité prévoyait tout, pensait à tout, et tirait des ressources sans nombre de la situation.

Néanmoins, ce rôle dut plus d'une fois peser à sa conscience ; sinon, c'est aux mécomptes de son ambition qu'il faudrait attribuer les accès de tristesse et d'abattement qui s'emparaient de lui, quand les chances de la monarchie semblaient grandir.

A Anzin, où il se rendit durant le mois d'octobre pour assister au conseil des administrateurs de cet établissement métallurgique dont il fait partie, son découragement fut visible. Pendant la première séance, il quitta plusieurs fois la table autour de laquelle on discutait, pour se placer devant la cheminée. Là, sa figure, à diverses reprises, se décomposa, trahissant malgré lui, les angoisses de son esprit. Il ne parut pas à la séance du lendemain ; mais, les administrateurs l'entendirent marcher et parler seul dans son appartement pendant plusieurs heures. Enfin, au lieu de faire la route de Paris à Anzin et d'Anzin à Paris, dans le wagon commun aux autres administrateurs parmi lesquels se trouvaient plusieurs députés du Centre Droit, il voyagea seul avec M. Casimir Périer.

Ce dernier s'était aussi déclaré résolument contre la monarchie, pour se dévouer à la cause de la république. Son attitude affligeait ses amis. Ils l'avaient excusée, tant que la monarchie semblait impossible. Après la réconciliation du 5 août, ils ne la comprenaient plus. Il fallait, en effet, que M. Casimir Périer subît bien complétement l'influence de M. Thiers pour renier ses opinions passées, au risque de rompre les amitiés de toute sa vie, à un âge où l'on n'en fait plus de nouvelles. On se rappelait la phrase suivante écrite par lui, un an avant, dans le *Journal des Débats* :

« Je suis de ceux qui sont restés attachés à la monarchie constitutionnelle aussi longtemps que la monarchie constitutionnelle leur a paru possible sur la seule base propre à la rendre acceptable et durable : l'accord entre les partis monarchiques et les deux branches de la maison de Bourbon, sanctionné par l'assentiment du pays. »

Puisque cet accord était fait, où si prêt de se faire, pourquoi M. Casimir Périer l'entravait-il?

Est-ce par amour pour la république?

Mais, n'est-ce pas lui qui sous l'empire, appréciait la république, comme suit?

« Il n'y a pas de motifs pour s'arrêter longuement sur l'intervalle qui sépare février 1848 de décembre 1851 ; car la République fut un anachronisme comme la Révolution avait été un accident. La France n'était pas mûre pour des institutions qui exigent, avec des qualités dont le caractère français n'est pas encore suffisamment doué, une forte et longue préparation au gouvernement d'une nation par elle-même. Ce ne sera probablement pas de longtemps, si ce doit être jamais, que la République pourra s'établir et durer en France, et toutes tentatives prématurées accumulent des désastres pour aboutir fatalement au despotisme, après une étape plus ou moins longue dans l'anarchie. »

Est-ce par inimitié de vieil orléaniste contre le comte de Chambord ?

Mais, il avait entretenu des relations intimes et étroites avec le prince. Il recevait même de lui, au mois d'avril 1868, une lettre où se trouve le passage suivant :

« Je veux vous remercier, moi-même, monsieur, de l'envoi de votre excellent écrit... Je me félicite d'avoir cette occasion de vous redire encore combien j'ai été charmé de vous voir à Frohrsdorf et touché des sentiments que vous m'avez exprimés dans cette circonstance. Je suis heureux de pouvoir réitérer ici, avec l'assurance de ma gratitude, celle de ma sincère affection. »

L'attitude de M. Casimir Périer ne pouvait donc s'expliquer que par un aveuglement incompréhensible ou une faiblesse inexcusable.

Il y a lieu d'en dire autant de celle de M. Léon Say, actionnaire et rédacteur du *Journal des Débats*, dont les sympathies avaient été longtemps acquises aux princes d'Orléans et qui ne paraissait pas avoir cessé de les leur prodiguer. On pouvait comprendre qu'en présence de l'impossibilité de faire la monarchie, il se fût rallié à la république conservatrice. Mais, cette impossibilité disparue, comment expliquer sa politique? Il la justifiait en ces termes dans une lettre adressée le 20 octobre, aux membres du Centre Gauche.

« Le Centre Gauche n'a pas de répugnance » théorique pour la monarchie constitutionnelle » dont les principes de 1789 seraient la base, » mais il a toujours pensé que le seul gouverne- » ment qui convînt aujourd'hui à la France, » était celui qui, en donnant les gages les plus » sérieux aux principes d'ordre et de conser- » vation, agiterait le moins le pays et serait » le plus éloigné d'être un gouvernement de » parti. C'est dans cet ordre d'idées que nous » n'avons cessé de demander l'organisation » du gouvernement dans sa forme actuelle, » afin de faire succéder à un provisoire éner- » vant, un état de choses durable. Il ne s'est » rien produit qui soit de nature à nous faire » changer de résolution. Une réconciliation de » famille a eu lieu entre deux princes. De ces » deux princes, l'un était un prétendant;

» l'autre n'était pas un prétendant, mais il était » un candidat au trône et pouvait être choisi » par la France si elle avait eu la volonté de » revenir à la monarchie. Ni l'un ni l'autre » n'avait d'ailleurs le droit de parler au nom » du pays et ne pouvait engager notre con- » duite. Il n'y a qu'un orléaniste de moins, ou » plutôt l'orléanisme disparaît pour laisser sub- » sister le parti libéral.

» Après comme avant la fusion, il y a les » fils de la Révolution dont nous nous glori- » fions de faire partie, et les adversaires de la » révolution, adversaires qui veulent peut-être » nous pardonner et nous traiter avec bienveil- » lance, mais qui nient les principes mêmes » auxquels nous sommes attachés, adversaires » qui peuvent même porter nos couleurs, » mais qui ne les portent pas comme un sym- » bole. Après comme avant la fusion, nous » restons donc convaincus de la nécessité de » voter des lois constitutionnelles et d'organiser » la république conservatrice. »

Les obscurités et les contradictions de cette lettre, trahissaient plus d'embarras que de résolution, et laissaient deviner que M. Léon Say, comme M. Casimir Périer, subissait l'ascendant de M. Thiers.

Les autres membres du Centre Gauche ne donnaient pas de meilleures raisons à l'appui de leur attitude. M. Alfred André, député de la Seine, régent de la Banque de France, se taisait sur les motifs qui faisaient de lui l'allié de M. Gambetta. M. Sébert donnait à entendre qu'il aurait pu accepter la monarchie avec le comte de Paris, mais non avec le comte de Chambord, et enfin M. Drouin, également député de la Seine, ancien président du tribunal de commerce de Paris, se décidait à déclarer « qu'il voterait pour la république, et qu'il s'était arrêté à ce parti, après avoir pris l'avis unanime du haut commerce parisien, » — déclaration qui provoquait aussitôt parmi ceux au nom desquels il avait parlé, les protestations les plus vives.

Ainsi s'exprimaient des hommes qui avaient été élus comme conservateurs, par des conservateurs. Leur langage était le résultat des agissements de M. Thiers d'abord, de la Gauche ensuite, qui faussant leur politique, se jouant de leur pusillanimité ou de leur crédulité avait pris sur eux un funeste empire. Il est des partis qui semblent n'avoir pour mission que d'affirmer leur impuissance, de prêter les mains à leurs pires ennemis, et de compromettre leur propre cause. Ce fut le rôle du Centre Gauche dans ces circonstances aussi bien que depuis deux ans. Les journaux républicains les accablaient de louanges. «Vous prendrez le pouvoir, leur disait M. Gambetta ; vous l'avez mérité. Nous serons heureux de vous soutenir et d'abdiquer entre vos mains. »

La coalition, en voie de formation dès le 5 août, d'abord impuissante et comme écrasée par la spontanéité du mouvement monarchique, s'était redressée, quand les résistances du comte de Chambord avaient entravé ce mouvement. Elle reçut tout à coup des nouveaux alliés.

Jusqu'à ce moment, les impérialistes, retranchés autour de la doctrine de « l'appel au peuple, » s'étaient montrés hostiles à la monarchie. Mais, ils avaient manifesté leur hostilité sans faire cause commune avec les républicains modérés et les radicaux. Bientôt ils se prêtèrent à cette alliance.

Il y avait alors à Paris un journal intitulé *l'Avenir national*, organe socialiste des plus violents, devenu la propriété de M. Portalis, ancien directeur du *Corsaire*, après la suppression de cette feuille. Petit-fils de l'illustre auteur des articles organiques du concordat et du Code civil, fils du receveur général de Seine-et-Oise, M. Edouard Portalis, jeune encore, était devenu le propagateur ardent et énergique des doctrines radicales. Mis à l'index par la plupart des hommes de son parti, comme entaché de bonapartisme, il exerçait cependant une influence considérable sur ses coréligionnaires politiques, comme si ses relations avec eux lui avaient fourni des armes pour les dominer. La Commune elle-même le redoutait et les républicains les plus avancés n'osaient rien contre lui. Dans les faubourgs, ses journaux se débitaient à un grand nombre d'exemplaires. A diverses reprises, depuis deux ans, ils avaient été supprimés; mais, sans se lasser, et à mesure qu'un organe était brisé dans ses mains, il s'en procurait un autre. C'est ainsi que l'*Avenir national*, feuille mort-née dans les mains de M. Peyrat, se publiait sous sa direction, avec le même succès que ses aînées.

Ce jeune homme fut mis en relations avec le prince Napoléon, alors à Paris, où il était venu pour réclamer sa réintégration dans les cadres de l'armée. C'est dans le salon de la comtesse de B*** que la rencontre eut lieu. Comme elle fut peu après racontée dans plusieurs journaux, nous ne croyons pas devoir taire les détails qui nous sont fournis par ce récit.

Dans une maison située aux Champs-Elysées se trouve, au quatrième étage, un très-vaste appartement meublé par une main aussi experte dans l'art de s'entourer de belles choses qu'apte à les rendre originales par la manière dont elle les met en relief. Le grand salon est décoré comme les galeries des palais des sultans à Constantinople. Rien n'y manque, ni les palmiers, ni les cactus, ni même les jets d'eau. Tout l'appartement est dans ce goût. On y remarque un veritable entassement d'objets artistiques, vieux meubles, tableaux, bronzes anciens. Là, habite une femme veuve, riche, spirituelle qui nourrit pour la politique un culte passionné. Les habitués de son salon sont MM. Emile de Girardin, Emmanuel Arago, Hector Pessard, Charles Bradlaugh, Edouard Portalis, des gentilshommes, quelques officiers supérieurs, des diplomates, et enfin, le prince Napoléon, quand il est à Paris.

Tel est le terrain sur lequel le prince Napoléon et le rédacteur en chef de l'*Avenir national* se rencontrèrent. Ils eurent ensemble plusieurs entretiens dont le résultat, quand parut s'imposer la solution monarchique, fut un pacte contre elle.

Le 26 septembre, *l'Avenir national* publia deux lettres qui, à peine connues, prirent les proportions d'un gros événement. La première, signée de M. Portalis, était la proposition d'alliance entre les bonapartistes et les radicaux, et la définition des doctrines qui en seraient la base. La seconde, signée du prince Napoléon, ne doit pas être perdue pour l'histoire. Elle était ainsi conçue :

« La franchise, l'imprévu de votre démar-
» che me forcent à une réponse brève ; elle
» m'est dictée par les opinions de toute ma vie.
» En face de la gravité, de la publicité de
» votre lettre, je ne dois pas garder le silence.
» Le devoir de tout citoyen à l'heure grave où
» nous sommes est de ne pas sortir de la cité
» en péril comme les neutres de l'antiquité.
» Non, je ne suis pas neutre et je ne déserterai
» pas la lutte.

» Je ne puis parler qu'en mon nom ; mais
» comment croire que ceux dont les cœurs
» vibrent au nom de Napoléon, me désap-
» prouvent? L'alliance de la démocratie popu-
» laire et des Napoléon a été le but que j'ai
» poursuivi dans tous les actes de ma vie poli-
» tique. Soutenons notre drapeau en face des
» menaces du drapeau blanc, étranger à notre
» France moderne et que le prétendant ne
» saurait abandonner que par un compromis
» et un sacrifice fait aux habiles de son parti.
» — Que vaudrait d'ailleurs cette concession
» de la dernière heure ? Le règne des Bour-
» bons ne saurait être que le triomphe d'une

» politique réactionnaire, cléricale et anti-po-
» pulaire. Le drapeau de la Révolution abrite
» seul depuis près d'un siècle le génie, la
» gloire et les douleurs de la France ; c'est lui
» qui doit nous guider vers un avenir vrai-
» ment démocratique.

» Entre tous les défenseurs de la souverai-
» neté du peuple, beaucoup diffèrent sur les
» moyens de l'appliquer; mais une entente
» commune, à l'heure actuelle, sur le prin-
» cipe même de cette souveraineté, est néces-
» saire et patriotique. Nous tous, citoyens de
» la société moderne, nous devons chercher à
» établir, par le suffrage universel, la vraie
» liberté basée sur les réformes qui sont la
» condition du salut de la France. Oui, il faut
» oublier les dissentiments, les attaques, les
» luttes, les souffrances réciproques, les in-
» sultes même, pour affirmer le principe de la
» souveraineté nationale, en dehors duquel il
» n'y a que danger, discorde et nouveaux
» désastres. Soyons unis pour déjouer des ten-
» tatives funestes, et formons ainsi la Sainte-
» Alliance des patriotes. »

Ce serait faire injure au parti bonapartiste aussi bien qu'au parti républicain que de les rendre solidaires de ces déclarations dignes du tempérament et du passé du prince qui les avait signées. Tous les hommes modérés et sincères de ces deux partis comprirent ce qu'offrait de monstrueux et d'odieux, l'union de deux principes qui ne pouvaient se concilier que par ce qu'ils ont de stérile et de révolutionnaire. La loyauté, le bon sens se révoltèrent. Il y eut de part et d'autre des protestations indignées.

Mais les organes radicaux ne furent pas unanimes à repousser l'alliance. M. Gambetta télégraphia de Périgueux à la *République française*, afin qu'on traitât le prince avec déférence et ce journal ne trouva pas sous la plume de ses rédacteurs, ces accents indignés qui révèlent le dessein et la volonté de n'accepter aucune compromission.

Dans le parti bonapartiste, les appréciations furent très-diverses. *L'Ordre* n'imita pas les protestations vigoureuses du *Pays*. Un personnage haut placé, sans oser défendre le prince prononça les paroles suivantes :

— Il est excusable après tout. Que voulez-vous ! on nous étrangle.

Ce langage révélait bien des arrière-pensée. Elles ne tardèrent pas à éclater, car si au premier moment, le désaveu avait été unanime, il n'en fut pas longtemps ainsi. L'idée d'une coalition était bonne. Après l'avoir repoussée sous la forme indiquée par le prince Napoléon, on la reprit un peu plus tard, et c'est sur le terrain de l'appel au peuple, où M. Rouher ne craignit pas de faire cause commune avec MM. Thiers et Gambetta, que le projet du « César déclassé » vint se réaliser.

La politique a de ces surprises et les consciences en apparence les mieux trempées ne tiennent pas longtemps devant ses implacables exigences. Il est rare cependant que la nécessité de se coaliser ait produit de telles extrémités. Le parti bonapartiste n'est point sorti sain et sauf de l'aventure, et ses scrupules tardifs ne suffiront pas à faire oublier qu'il a mis sa main dans la main des radicaux. Ses defenseurs aux abois ont allégué le précédent du 24 mai. L'assimilation n'est pas fondée. Le 24 mai, la coalition ne comptait que des conservateurs, tandis que contre la monarchie, elle s'est formée de toutes les forces révolutionnaires, y compris même les bataillons les plus avancés du radicalisme.

Le prince Napoléon avait donc bien jugé son parti, non en le croyant capable d'accepter le pacte tel qu'il le proposait, mais en comptant sur l'irritation des uns et la colère des autres, pour faire adopter, au moins en partie, l'expédient qu'il avait conçu.

Cette action ne lui fit pas honneur et permit de douter de sa sincérité, sinon de son intelligence. Comment croire en effet qu'un prince aussi éclairé que lui nourrît des idées analogues à celles des ignorants dont la propagande socialiste encourage et exploite l'ignorance, et ait redouté que la monarchie nous ramenât à l'ancien régime ? C'est cependant ce qu'il ne cessait de dire avec une violence extrême.

Peu de jours après la publication de sa lettre,

alors que l'émotion durait encore, il se rencontra à la table de M. Emile de Girardin, avec M. de la Guéronnière qui défendait avec éclat dans la *Presse*, la cause de la monarchie constitutionnelle.

— A quelles folies, lui dit-il, ne vous conduiront pas vos doctrines parlementaires? Voilà que pour en assurer le triomphe, vous allez à la monarchie. Vous voulez-donc revoir les anciens droits, le clergé tout-puissant, les billets de confession !

— Oh ! monseigneur, comment pouvez-vous alléguer de telles sottises. Laissez cela aux imbéciles...

— Je vous dis, s'écria le prince, que vous prendrez des bains d'eau bénite !

— Ma foi, répliqua M. de la Guéronnière, j'aime encore mieux un bain d'eau bénite qu'un bain de pétrole.

— Vous avez tort.

Ce trait authentique n'est-il pas un éloquent commentaire de la lettre du 26 septembre ?

Nous essayons de décrire la physionomie des partis pendant cette période agitée. La description serait incomplète, si nous ne jetions un rapide coup d'œil sur la presse, si profondément divisée et troublée tant que dura la crise. Plusieurs journaux s'étaient prononcés contre la monarchie, les uns au nom de la république conservatrice, — c'étaient la *France*, le *Temps*, le *Bien Public*, l'*Opinion nationale*, le *National*, l'*Evénement*, le *XIX*e *Siècle*: — les autres, au nom de la république radicale, — c'étaient l'*Avenir national*, le *Rappel*, la *République française*, le *Siècle*. Quoique séparés en réalité par des abîmes, ces divers journaux aboutissaient à un but commun : servir la politique de M. Thiers et combattre la monarchie. *L'Ordre*, le *Gaulois*, le *Pays*, défenseurs de l'impérialisme, les secondaient dans cette tâche. Conservateurs et radicaux se trouvaient groupés sur ce terrain aussi bien que sur le terrain parlementaire. La polémique de quelques-uns épuisa les procédés violents. *L'Avenir national* dut être supprimé. L'accès de la voie publique fut interdit au *Siècle* qui avait ouvert ses colonnes au fragment suivant d'un discours prononcé à Périgueux par M. Gambetta.

« La défaite est venue; si la victoire n'a pas
» récompensé les efforts et les sacrifices, il faut
» savoir le dire, c'est parce qu'il y a eu des
» hommes et des partis politiques qui, tablant
» sur les revers de la France, ont tout énervé
» et tout arrêté, préférant la capitulation, la
» défaite, l'abaissement de la patrie, à l'abdi-
» cation de leurs convoitises particulières. »

En province, plusieurs journaux devinrent l'objet de rigueurs provoquées par la vivacité ou la mauvaise foi de leur discussion qui enveloppait le gouvernement et les tentatives monarchiques dans un même flot d'appréciations injustes et injurieuses.

Le *Français*, l'*Assemblée nationale*, la *Gazette de France*, le *Journal de Paris*, le *Figaro*, la *Presse*, le *Soleil*, le *Soir*, la *Patrie*, le *Moniteur universel* et plus tardivement, le *Journal des Débats*, qui tint à honneur de grossir les forces monarchiques et qui perdit à ce jeu le moins brillant de ses rédacteurs, défendaient ardemment les solutions royalistes, avec des procédés divers. L'*Univers* et l'*Union* prêchaient en faveur de la monarchie, mais sans vouloir accepter ni comprendre les réserves formulées par ceux qui ne voyaient la royauté possible que sous sa forme constitutionnelle et contractuelle. Jusqu'au bout, ces deux journaux parurent prendre plaisir à créer des embarras à leurs alliés.

Le *Paris-Journal* et le *Constitutionnel*, le premier avec un talent plein d'éclat, s'attachaient à défendre la prorogation des pouvoirs du maréchal comme à une doctrine de salut. Enfin, la *Liberté* avait pris très-énergiquement parti contre la monarchie, sans alléguer d'autre argument que celui qui résultait, selon elle, du refus probable de M. le comte de Chambord, d'adhérer au programme qui lui serait soumis.

Au milieu de ce déchaînement de passions, le gouvernement s'efforçait de conserver la plus stricte neutralité. Jusqu'au 16 octobre, le maréchal de Mac-Mahon ne prononça pas une parole qui pût faire deviner la solution vers laquelle le portaient ses sympathies. L'attitude du ministère fut irréprochable, ce qui ne laissait pas d'être méritoire, plusieurs des ministres appartenant ouvertement au parti monarchique et ayant trop souvent manifesté leur conviction pour n'être pas tentés de considérer le parti conservateur comme engagé dans la crise. Le seul qui fit publiquement allusion aux événements fut le duc de Broglie. Dans plusieurs discours prononcés à Evreux, à Bernay, à Neuville-le-Bon, à l'occasion de comices agricoles, il s'efforça de démontrer qu'en aucun cas, le gouvernement que proclamerait l'Assemblée, ne serait, ne pourrait être un gouvernement d'ancien régime. S'adressant aux conservateurs de l'arrondissement de Bernay :

« Qu'ils ne croient pas, dit-il, comme on s'ef-
» force dans l'ombre de le leur souffler à l'o-
» reille, qu'il y ait quelqu'un en France assez
» insensé pour rêver de les priver du libre
» usage de ces droits qu'ils tiennent du labeur
» de leurs pères et de toute la suite de notre
» histoire. Cela n'est pas, cela ne sera ja-
» mais : ces chimères ridicules et ces craintes
» sans fondement ne sont pas dignes d'arrêter
» un instant le bon sens pratique et sûr de nos
» cultivateurs normands. Ils savent, ils sentent
» que l'état social de la France moderne,

» œuvre des siècles, est aussi indestructible que
» les fondements du sol qui les porte, et qu'on
» ne peut pas plus s'y attaquer avec succès
» qu'on ne peut altérer la qualité de l'air que
» nous respirons. Aucun homme, aucun parti
» n'y pourraient songer. »

A Neuville-le-Bon, il confirmait ces appréciations, en entrant plus profondément dans le vif du sujet :

« Rien de ce qui ressemble au pouvoir
» légal du clergé ne pourrait même reparaître un jour. Il est aussi ridicule d'en
» craindre le retour qu'il serait ridicule de l'es-
» pérer. Les dignes et excellents prêtres assis
» parmi nous ne me contrediront pas, si j'affirme
» qu'ils ne peuvent garder d'autre supério-
» rité sur nous que celle qu'ils tiennent de la
» sublimité d'une croyance qui élève leurs
» esprits au-dessus des soucis de la terre.
» C'est bien assez pour qu'ils gardent sur nos
» cœurs un empire auquel ils ne peuvent pré-
» tendre désormais dans nos lois. Donc, quel que
» soit le gouvernement que l'Assemblée nationale
» donne à la France, en vertu de son pouvoir

» constituant qu'il tient de vous, aucun sacrifice
» ne sera demandé aux conditions sociales aux-
» quelles nous sommes tous également attachés;
» nous voulons tous un gouvernement stable,
» fort, toujours prêt à réprimer les révoltes et
» l'anarchie, mais élevé au-dessus des partis,
» qui assure aux travailleurs les fruits du labeur
» de la veille et promette la rémunération de
» celui du lendemain ; un gouvernement qui,
» dans notre passé, agité par tant de révolu-
» tions, recherche tous les glorieux souvenirs
» sans en renier aucun et garantisse l'avenir à
» nos espérances. Nous voulons un gouverne-
» ment qui comprenne les exigences légitimes
» aussi bien que les périls de nos sociétés mo-
» dernes, qui en accepte les principes, qui les
» fonde, en n'en répudiant que les excès. Telle
» sera, quoi qu'en dise l'astuce des factions im-
» puissantes, le gouvernement que nous don-
» nera l'Assemblée ; elle n'en sanctionnera ja-
» mais d'autre, et c'est dans cette confiance que
» nous attendons respectueusement la décision
» qu'elle seule a le pouvoir de rendre. »

C'était l'affirmation du droit constituant de

l'Assemblée, en même temps qu'un hommage à la vérité, et personne sur la foi de ce langage ne pouvait raisonnablement prétendre que le gouvernement eût enfreint la neutralité. Il est bon d'ajouter qu'il persista jusqu'au bout dans cette conduite, laissant dire et laissant faire, dans les limites de la loi.

Il serait néanmoins puéril d'essayer de démontrer que les sympathies de la plupart des membres du cabinet n'étaient point acquises à la solution monarchique. Pouvait-on attendre autre chose d'hommes dont toute la vie avait été vouée à la défense de la monarchie? Mais ils continrent leurs sentiments et c'est à tort qu'on a prétendu le contraire. Ce n'est pas dans les commentaires de leurs adversaires, ni dans les journaux qu'il faut rechercher la vérité sur leur conduite. C'est dans leur conduite elle-même. Jamais gouvernement ne poussa plus loin les scrupules et ne s'appliqua mieux à demeurer fidèle à la politique dont il était l'organe : d'ailleurs, les ministres ne pouvaient faillir à la règle qui leur était tracée, sans créer entre eux une division qui les aurait affaiblis.

Cette division ne se produisit pas ; c'est la preuve péremptoire des assertions qui précèdent.

Cependant, tandis que se succédaient et se pressaient les incidents dont on vient de lire le résumé, M. Chesnelong était arrivé à Salzbourg où MM. Lucien Brun, Cazenove de Pradines et de Carayon La Tour l'attendaient pour le présenter au comte de Chambord auquel ils avaient annoncé sa visite. C'était le 13 octobre au soir.

Le prince occupait un pavillon attenant à l'hôtel Neubourg. M. Chesnelong descendit dans cet hôtel où ses collègues habitaient. Il se trouva donc ainsi dans le voisinage du prince et fut reçu par lui, dès le lendemain. M. Chesnelong a tracé devant la Commission des Neuf d'abord, dans diverses réunions, ensuite, le récit du très-long entretien qu'il eut avec le comte de Chambord pendant la journée du 14. En dehors des détails qu'il a communiqués ainsi et qui ont été consignés dans un procès-verbal, il n'a rien revélé des paroles qu'il a prononcées ni de celles qui lui ont été adressées, se réservant d'en publier un jour la relation, et affirmant d'ailleurs qu'elles n'offrent qu'un intérêt rétrospectif et historique, sans importance pratique et immédiate pour la cause qu'il allait défendre. Nous aurions donc mauvaise grâce à paraître savoir plus qu'il n'a dit et nous nous en tiendrons au compte rendu officiel qu'il a déclaré le seul authentique.

M. Chesnelong vit le prince trois fois pendant la journée du 14. Durant ces entrevues successives dont la seconde eut lieu avant le dîner et la troisième pendant la soirée qui précéda son départ, il resta seul avec lui. La première de ces audiences fut consacrée à la question constitutionnelle ; les deux autres furent consacrées à la question du drapeau. Quand M. Chesnelong quitta le prince, ce dernier, profondément ému par les termes éloquents dans lesquels le député des Basses-Pyrénées formulait son adieu, lui pressa les mains. A l'issue de chacune des audiences, M. Chesnelong en avait dressé un résumé concis, mais complet. Fort avant dans la soirée et au moment de quitter Salzbourg, il fit soumettre ces notes au comte de Chambord, afin de savoir s'il avait fidèlement traduit sa pensée, notamment en ce qui touchait le drapeau.

Arrivé à Paris le 16 au matin, avec ses collègues, M. Chesnelong prit un court repos et courut au Comité des Neuf, averti de son arrivée et convoqué d'urgence chez le général Changarnier. Il y rendit compte de sa mission. Nous croyons utile de citer ici les termes mêmes du procès-verbal de cette réunion, à laquelle assistaient MM. le général Changarnier, le comte Daru, le duc d'Audiffret-Pasquier, le baron de Larcy, Callet, Baragnon, Combier, et de Tarteron.

« Après avoir constaté que, selon les intentions de la commission, il était allé, non pas poser des conditions, mais indiquer respectueusement les possibilités et les nécessités de la situation, comme aussi les devoirs qui en résulteraient pour les fractions monarchistes de l'Assemblée, M. Chesnelong entre dans le détail des considérations qu'il a soumises au prince, soit sur la question constitutionnelle, soit sur la question du drapeau ; il rend hommage aux nobles sentiments de générosité, d'honneur, de courage, de patriotisme dont toutes les paroles du prince ont été empreintes.

« Je n'ai jamais eu, je n'aurai jamais, lui a » dit notamment le prince, la vulgaire ambi- » tion du pouvoir pour le pouvoir lui-même ; » mais je serais heureux de consacrer à la » France mes forces et ma vie, comme elle a » eu toujours mon âme et mon cœur. J'ai » souffert loin d'elle ; elle ne s'est pas bien » trouvée d'être séparée de moi. Nous sommes » nécessaires l'un à l'autre. »

» M. Chesnelong précise ensuite les points suivants comme conclusions de ces entretiens.

» En ce qui touche la question constitutionnelle :

» M. Chesnelong déclare avoir exposé l'intention de la commission de faire reposer la proposition de la monarchie sur le principe de la reconnaissance du droit royal héréditaire et d'une Charte qui ne serait ni imposée au roi ni octroyée par lui, mais qui serait délibérée de concert entre le roi et l'Assemblée.

» M. le comte de Chambord a exprimé son acquiescement à ces deux premiers points.

» M. Chesnelong a fait connaître ensuite que, dans la pensée de la commission, la proposition devrait indiquer les bases sommaires de la Charte à intervenir, notamment les quatre suivantes :

» L'exercice collectif du pouvoir législatif par le roi et deux Chambres ; l'attribution au roi du pouvoir exécutif; l'inviolabilité de sa personne; et, comme conséquence de l'inviolabilité royale et de la coopération des Chambres à l'œuvre législative, la responsabilité des ministres. Il a ajouté que la commission avait été unanime pour reconnaître la nécessité de ces quatre points et de leur indication dans la déclaration du rétablissement de la monarchie.

» M. Chesnelong a fait connaître également que la proposition stipulerait le maintien des libertés civiles et religieuses, de l'égalité devant la loi, du libre accès pour tous les citoyens à tous les emplois civils et militaires, du vote annuel de l'impôt par tous les représentants de la nation, et en général des garanties qui constituent le droit public actuel des Français ; expliquant bien que cette stipulation était opportune, non pas assurément à titre de défiance contre les intentions de M. le comte de Chambord, qui, dans toutes ses lettres, a déclaré que ces maximes lui étaient chères et sacrées comme à tous les Français, mais pour ôter toute base à des attaques injustes qui tendent à égarer l'esprit public.

» M. le comte de Chambord n'a formulé aucune objection ni contre ce mode de procéder, ni contre l'insertion dans la proposition de ces divers points, ni contre aucun de ces points en particulier.

» En ce qui touche la question du drapeau :

» M. Chesnelong déclare avoir exposé à M. le comte de Chambord, sans rien omettre des considérations qu'il portait au nom de ses collègues, les graves raisons, tenant à l'état des esprits dans le pays, dans l'armée et dans l'Assemblée, qui avaient porté la commission à s'arrêter à la formule suivante : « Le drapeau tricolore est maintenu; il ne pourra être modifié que par l'accord du roi et de l'Assemblée. »

» M. le comte de Chambord a permis à M. Chesnelong de s'exprimer avec une respectueuse liberté, et a bien voulu l'écouter avec l'attention la plus bienveillante. Il a montré le souci de préserver intactes, dans l'intérêt du pays, les deux forces qui lui semblent nécessaires pour remplir efficacement son devoir royal : l'intégrité de son principe et l'intégrité de son caractère. Il respecte d'ailleurs le sentiment de l'armée pour un drapeau teint du sang de nos soldats; il n'a jamais été étranger aux gloires et aux douleurs de la patrie; il n'a jamais eu l'intention d'humilier ni son pays, ni le drapeau sous lequel ses soldats ont vaillamment combattu...

» Ses résolutions se formulent dans les deux points suivants :

» 1° M. le comte de Chambord ne demande pas que rien soit changé au drapeau, avant qu'il ait pris possession du pouvoir ;

» 2° Il se réserve de présenter au pays et se fait fort d'obtenir de lui, par ses représentants, à l'heure qu'il jugera convenable, une solution compatible avec son honneur, et qu'il croit de nature à satisfaire l'Assemblée et la nation.

M. Chesnelong, parlant, non plus au nom

de M. le comte de Chambord, mais au nom de MM. Lucien Brun, de Carayon La Tour et de Cazenove, qui se trouvaient avec lui à Salzbourg, déclare que ses honorables collègues ont accepté, pour eux-mêmes et pour leurs amis, de voter la formule : « Le drapeau tri- » colore est maintenu ; il ne pourra être mo- » difié que par l'accord du roi et de l'As- » semblée, » étant entendu toutefois qu'ils auront l'entière liberté de leur vote, lorsque le roi présentera la solution qui fait l'objet de la réserve ci-dessus mentionnée.

» Après avoir donné ces explications, M. Chesnelong demande qu'un procès-verbal en soit dressé pour la décharge de sa responsabilité ; ce à quoi la commission a consenti. »

Tel est l'unique compte rendu que M. Chesnelong ait autorisé. Malheureusement, c'est celui qui fut livré le dernier à la publicité et jusqu'au 31 octobre, le pays ne connut que par des échos inexacts ou incomplets, l'entretien dont on vient de lire le résumé. Cette ignorance fut alors un bon prétexte aux adversaires de la monarchie pour prétendre qu'on avait voulu tromper l'opinion et qu'en réalité, le comte de Chambord n'avait rien promis. Cette assertion était fausse de tous points. Il suffit pour s'en convaincre de relire le procès-verbal précité. Il en résulte clairement que la mission de M. Chesnelong avait réussi, puisqu'elle se résumait dans cette formule qui laissait intacts les droits de l'Assemblée et l'initiative royale : « Le drapeau tricolore est » maintenu; il ne pourra être modifié que par » l'accord du roi et de l'Assemblée. »

CHAPITRE V.

Retour de M. Chesnelong. — Note confirmative. — La réunion du 18 octobre. — Langage des journaux. — De quelques appréhensions. — Les partisans de l'appel au peuple.— La campagne épistolaire. — La majorité. — M. Raoul Duval. — Son passé. — Son attitude. — Une menace de M. Gent. — M. Laurier e M. Gambetta. — Violences de la presse radicale. — Le Centre Gauche terrorisé. — Une faute de la majorité. — Le maréchal de Mac-Mahon. — Ses paroles; sa conduite. — Le gouvernement.

Le retour de M. Chesnelong subitement connu et annoncé par les journaux dans la journée du 16 octobre, donna lieu d'abord aux commentaires les plus divers. Tandis que les organes de la coalition se refusaient énergiquement à croire au succès de la mission Chesnelong et prétendaient que le comte de Chambord avait fermé sa porte au délégué du comité des Neuf, les feuilles royalistes annonçaient au contraire que le voyage du député des Basses-Pyrénées avait été couronné par une réussite complète. La *Liberté* elle-même dont l'action sur l'opinion était encore si puissante et qui devait, dès le lendemain, prendre vigoureusement parti contre la monarchie, publiait le 17 au soir, un télégramme de son correspondant spécial à Salzbourg, ainsi conçu :

« Quelques personnages marquants sont encore ici ; je suis arrivé avec vingt-quatre heures de retard. MM. Lucien Brun et Chesnelong sont partis depuis hier ; j'apprends d'une source absolument digne de foi que le comte de Cham- est prêt à toutes les transactions.

« L'histoire de notre maison, a-t-il dit aux » membres de l'Assemblée, prouve que nous » avons toujours su transiger et nous accom- » moder aux circonstances et aux exigences » du temps. Que l'Assemblée proclame la mo-

» narchie héréditaire et légitime, et toutes les
» transactions deviendront faciles. »

« Ces paroles indiquent que la question du drapeau doit être placée au rang des questions pour ainsi dire secondaires. »

Comme confirmation de ces dires, l'auteur de ce livre, à la suite d'un long entretien avec les personnages les plus autorisés, recevait communication de la note suivante qui reflète exactement les impressions du moment :

« Il y a quelques jours, M. le comte de Chambord maintenait le drapeau blanc et refusait de reconnaître actuellement le drapeau tricolore, ajournant toute décision à cet égard, jusqu'au moment où on l'aurait reconnu roi de France, par un vote solennel.

» Vainement, on lui avait dit qu'il était difficile de faire, dans ces conditions, une majorité; vainement, on lui signalait le danger qu'il y aurait à exposer la monarchie à un échec. Il restait ancré dans une résistance alarmante pour les conservateurs libéraux.

» Ils se sont alors résolus à une démarche décisive à laquelle ceux qui l'ont faite ont, par leur caractère et leur attachement bien connu à M. le comte de Chambord, enlevé tout caractère de mise en demeure et d'ultimatum.

» Ils ont été chargés de dire au prince que la monarchie n'était possible qu'avec le drapeau tricolore et que ceux qui avaient pris l'initiative de la restauration, en étaient à ce point convaincus et assurés, qu'ils reculaient devant les conséquences, selon eux certaines, d'une proposition incomplète, c'est-à-dire devant le trouble que causerait un échec subi par la monarchie. « On ne peut, disaient-ils, exposer la monarchie à être battue dans une Chambre monarchique. C'est un coup dont elle ne se relèverait pas. »

» Tel est le langage que M. Chesnelong a été chargé de tenir à M. le comte de Chambord de la part du Comité des Neuf. Il a dû ajouter beaucoup d'autres considérations, tirées de la nature même des choses, de l'état des esprits en France, du résultat des dernières élections. Il a fait entendre au prince des accents patriotiques, faits pour remuer cette âme si vraiment française.

» — Avec un renoncement et une abnégation admirables, a dit M. Chesnelong, le prince a fait les concessions que nous lui demandions.

» Voici comment, d'après les explications données en lieu sûr, il faut entendre ces mots : le prince renonce à entrer en France avec le drapeau blanc. Il restera sans drapeau, saluant partout où il le rencontrera le drapeau tricolore, et le reconnaissant comme le drapeau de l'armée, comme le drapeau de la France. Il s'est réservé de demander alors à la Chambre de voter une loi spéciale qui serait la consécration de l'alliance entre la monarchie héréditaire et la monarchie nationale, ce qui doit s'entendre par l'adjonction d'une cravate blanche et de fleurs de lis au drapeau tricolore. Cette concession faite, toutes les autres ont été faciles. Le prince, qui se grandissait par un sacrifice qui n'a pas été sans déchirements, a voulu dès ce moment se montrer confiant, généreux et français. Il s'est exprimé sur ses intentions, sur ses procédés de gouvernement, sur son amour pour le pays dans les termes les mieux faits pour nous faire espérer que son règne sera un grand règne.

» L'honneur de cette négociation victorieuse revient au Centre Droit qui, par sa fermeté, a fait triompher les doctrines constitutionnelles et libérales, basées sur l'accord de la souveraineté nationale et de la souveraineté du roi. M. le duc d'Audiffret-Pasquier a, pour sa part, le mérite d'un devoir consciencieusement et intelligemment rempli. On dit qu'il sera mandé sous peu de jours auprès de M. le comte de Chambord dont les préventions à l'égard de ce député, qu'il croyait dans le camp de ses ennemis, sont aujourd'hui dissipées. »

Cependant, en présence des commentaires inexacts ou malveillants, il était indispensable que les promoteurs de la restauration prissent la parole afin de faire connaître à la France anxieuse, le résultat véritable du voyage de M. Chesnelong. A la suite d'une conférence que les bureaux de la majorité tinrent chez M. Anisson-Duperron, député de la Seine-Inférieure, la note suivante destinée à fixer l'opinion fut communiquée aux journaux.

« Les bureaux des réunions parlementaires, » qui avaient déjà conféré le 4 octobre dernier, » convoqués aujourd'hui 18 octobre, se sont » trouvés unanimement d'accord pour recon- » naître que l'adoption des propositions prépa- » rées par la Commission des Neuf, était impé- » rieusement commandée par l'intérêt du pays.

» D'après ces propositions, la monarchie » serait rétablie; toutes les libertés, civiles, » politiques et religieuses, qui constituent le » droit public de la France, seraient garanties; » le drapeau tricolore serait maintenu, et des » modifications ne pourraient y être apportées, » l'initiative royale restant d'ailleurs intacte, » que par l'accord du roi et la représentation » nationale.

» Les réunions que ces bureaux représentent » seront immédiatement convoquées. »

Il suffit de comparer cette note au procès-verbal de la réunion du 16 août, qui suivit immédiatement le retour de M. Chesnelong et ses explications au Comité des Neuf, pour reconnaître que les bureaux de la majorité, dans le projet dont ils jetaient les bases, restaient étroitement unis de cœur et d'intention avec M. le comte de Chambord.

L'effet produit par cette note et qui se manifesta dans la soirée du 18, fut décisif. Sur les boulevards et dans les cercles politiques, l'impression fut unanime : c'est que la monarchie était faite. Ce même soir, le *Journal de Paris*, organe accrédité des princes d'Orléans, parlait en ces termes, par la plume de M. Edouard Hervé, son rédacteur en chef :

« Un grand fait vient de s'accomplir.

» Dans une entrevue, qui a eu lieu le 14 de ce mois à Salzbourg, M. le comte de Chambord et les délégués des divers groupes de la majorité parlementaire sont tombés d'accord sur les conditions auxquelles se ferait le rétablissement de la monarchie.

» L'auguste chef de la maison de Bourbon, celui qui dans quelques jours sera le roi, donne pleine et entière satisfaction aux besoins et aux vœux de la France moderne.

» Sur la question du drapeau, comme sur les questions constitutionnelles, comme sur les questions de liberté civile, politique et religieuse, la nation obtient tout, sans que le roi sacrifie rien : je veux dire sans qu'il sacrifie ni sa dignité personnelle, ni sa prérogative royale.

» Nous nous félicitons qu'il en soit ainsi, car si nous ne voulons pas d'un pays asservi, nous ne voulons pas davantage d'une royauté humiliée.

» Henri V (qu'on nous permette de lui donner dès à présent ce nom qu'il portera dans l'histoire), s'est montré le digne héritier de cette race de rois, si profondément politiques, à laquelle la France a dû son indépendance, son unité et sa grandeur.

» L'entrevue de Frohrsdorf avait fait la réconciliation dans le sein de la maison de Bourbon.

» L'entrevue de Salzbourg fait la réconciliation entre la maison de Bourbon et la France.

» L'entrevue de Frohrsdorf avait refait la famille royale.

» L'entrevue de Salzbourg refait la monarchie. »

Tous les journaux royalistes parlaient dans le même sens, et ce n'est guère que dans l'*Uni-*

vers et l'*Union*, qu'on put constater le dépit causé à quelques fanatiques par la résolution du comte de Chambord. Néanmoins, les appréhensions étaient encore permises à ceux qui connaissaient le caractère du prince, entier, tout d'une pièce. Quelques-uns de ceux qui se montraient le plus heureux d'un dénouement favorable, — M. de Carayon La Tour lui-même, — furent effrayés du courant qui emportait l'opinion.

— Je suis bien obligé de croire ce que je vois et ce que je sais, disait l'un d'eux ; mais je tremble, et, malgré moi, je me demande si l'on n'a pas dépassé, dans l'expression, la pensée du prince.

Le récit officiel de M. Chesnelong, publié depuis, contenant un langage qui n'a pas été désavoué, a prouvé qu'on ne l'avait pas dépassée. Ce fut d'ailleurs la seule note discordante dans le concert des espérances générales, et l'écho n'en parvint qu'à un très-petit nombre de personnes.

Le retour de M. Chesnelong fut un rude coup porté aux partis coalisés. Il eut pour résultat d'exciter leurs colères et leurs alarmes. Les journaux bonapartistes publièrent un solennel avertissement émané de la réunion dite « de l'appel au peuple » que présidait le baron Eschasseriaux et dont M. Rouher était l'âme.

« Les menées qui tendent à imposer au pays, sans le consulter directement, une restauration monarchique, s'accusent depuis quelques jours avec une plus grande vivacité.

» Pénétrés de la nécessité de rassurer leurs mandataires sur la fermeté avec laquelle ils maintiendront les droits de la souveraineté nationale, les représentants de l'appel au peuple ont décidé qu'ils tiendraient une séance le samedi 25 octobre, à l'effet de préparer une protestation contre l'établissement de tout régime définitif, quel qu'il soit, en dehors du suffrage universel consulté par la voie de l'appel au peuple. »

D'autre part, les organes du Centre Gauche et de la Gauche, qui publiaient depuis plusieurs jours des lettres de députés, s'engageant à voter contre la monarchie, provoquèrent avec bruit des adhésions nouvelles. M. Thiers, qui s'entend mieux que personne aux manœuvres qui ont pour but la trituration de l'opinion publique, avait organisé ce mouvement de presse, comparable à celui qui, l'année précédente, apportait une force aux tentatives dissolutionnistes, si piteusement avortées. Il convia même les députés de l'Alsace-Lorraine, à y prendre part et leurs protestations vinrent aggraver la crise. M. Thiers espérait diminuer les chances de la solution monarchique, en s'efforçant de prouver qu'elle n'aurait pas la majorité. Ce procédé fut pratiqué par les coalisés avec une ardeur incomparable. Il arriva même que, dans leur précipitation, ils insérèrent des lettres qui étaient l'œuvre de faussaires. M. Aclocque, député de l'Ariége, et M. Parigot, député de l'Aube, durent démentir des engagements en faveur de la république, publiés sous leur nom.

La question de savoir si la monarchie rendue possible par l'accord du roi avec les groupes royalistes, réunirait la majorité dans la Chambre, était devenue d'ailleurs la plus importante. De tous côtés, on se livrait à des calculs plus ou moins exacts; on dressait des tableaux dans lesquels les députés étaient classés, soit d'après leurs opinions connues, soit d'après leurs déclarations. Beaucoup d'erreurs se glissaient dans ces évaluations qui n'auraient pu tirer quelque autorité que de l'assentiment de ceux dont on préjugeait le vote. C'est ainsi qu'on prétendit que M. Raoul Duval s'était prononcé contre la monarchie. Cette nouvelle, au moins prématurée, donna lieu à un incident qui mérité d'être raconté.

Le jeune député de la Seine-Inférieure exerçait dans l'Assemblée une légitime influence due à son talent, à l'énergie de ses convictions, à son courage et aussi à la réputation qui l'avait précédé dans le Parlement. Ancien magistrat, il s'était fait aimer et craindre aussi, partout où il avait passé. Candidat au conseil général de la Seine-Inférieure, lors des élections de 1870, il avait été élu, après une lutte très-vive, dans le troisième canton qui est un canton populaire. Son adversaire était un radical qui croyait le faire reculer, en l'invitant à des réunions publiques. Ce fut lui qui les provoqua. Il loua une vaste salle, et durant dix soirées, il y parla devant tous ses électeurs, successivement conviés à venir l'entendre et à l'interroger. Quant à ses adversaires et à son concurrent, il les invitait régulièrement, mais régulièrement, ils ne venaient pas. Ils préféraient lui prodiguer des injures. L'un d'eux se livra même, dans le *Progrès de Rouen*, à d'inconvenantes plaisanteries où se trouvait mêlé le nom d'une femme respectable et honorée entre toutes : celle qui porte le nom de M. Raoul Duval. Ce dernier, légitimement indigné, administra à l'insulteur une verte correction, à la suite de laquelle il reçut les témoins du personnage.

Or, M. Raoul Duval était magistrat ; il ne lui appartenait pas de donner l'exemple de la violation de la loi : il n'hésita pas à briser sa carrière, après quinze années d'utiles services ; il envoya sa démission au garde des sceaux, et le lendemain une rencontre au pistolet avait lieu. Elle fut sans résultat, l'adversaire de M. Raoul Duval ayant refusé de continuer le combat. L'insistance de l'un et le refus de l'autre furent constatés dans un procès-verbal où figuraient les noms du colonel de Geslin, aujourd'hui général et commandant la place de Paris, et de M. Lapierre, directeur du *Nouvelliste de Rouen*, témoins de M. Raoul Duval. Se trouvant libre, l'ancien magistrat résolut d'en profiter pour vider toutes ses querelles; il demanda réparation d'articles blessants à un autre de ses adversaires. Un duel à l'épée fut décidé; mais au dernier moment, M. Raoul Duval se trouva seul sur le terrain, l'auteur des articles s'étant décidé à ne pas se battre. C'est grâce à ces circonstances qu'il n'y eut pas accomplissement de délit. Le ministre de la justice renvoya à M. Raoul Duval sa démission, ne voulant pas enlever à la magistrature française un homme tel que lui.

Ces événements, le courage dont il avait fait preuve, avaient accru la popularité de M. Raoul Duval à Rouen. Sa conduite pendant la guerre ne pouvait la faire décroître. Refusant tout grade, il s'était placé comme simple cavalier dans les rangs des volontaires de la Seine-Inrieure. Après l'occupation, il se dévoua, comme ses collègues du conseil général, à la tâche de la rendre moins lourde pour ses compatriotes. C'est ainsi qu'il mérita d'être désigné comme candidat aux élections pour l'Assemblée nationale. Mais, en février, son nom menaçait de faire scission parmi les conservateurs ; il se tint à l'écart et servit l'élection des autres. En juillet, tout obstacle avait disparu et il fut envoyé à Versailles par ceux qui connaissaient sa vie et pouvaient apprécier son caractère.

Mais, là encore, et pendant les jours qui précédèrent son élection, il trouva coalisés contre lui les organes du parti radical. Ils l'accusaient d'avoir soutenu les candidatures de MM. Thiers et Dufaure, — à cette époque, M. Thiers était au ban du parti radical ; — on le traitait de coryphée de candidatures prussiennes. Un journal du Havre, notamment, déployait la plus extrême violence. M. Raoul Duval eut recours aux tribunaux. Il poursuivit ses adversaires comme diffamateurs devant le tribunal de police correctionnelle du Havre. Les habitants de cette ville n'ont pas perdu le souvenir de cet épisode : un matin, on vit arriver M. Raoul Duval, on le vit se diriger vers le palais de justice; il venait seul dans ce milieu gambettiste et violent, soutenir sa poursuite. Il fit condamner le *Journal du Havre* et les applaudissements de l'auditoire prouvèrent une fois de plus que l'intrépidité d'un homme exerce toujours sur les âmes une influence puissante.

Avec les qualités que révélait ce passé, M. Raoul Duval devait prendre rapidement une place importante dans l'Assemblée nationale. Cette place, il l'a prise, et le souvenir du rôle qu'il a joué dans la politique depuis deux ans est encore trop récent pour qu'il soit nécessaire d'en rappeler les détails. Ce que l'on sait, c'est que le jeune député de la Seine-Inférieure a révélé tout à la fois un grand talent et une horreur profonde pour les hommes de désordre. Dans les circonstances où il a élevé la voix contre eux, il leur a porté les coups les plus redoutables et jamais il ne s'en est trouvé un qui tenta de les lui rendre.

Ce qui avait fait sa force, c'est qu'il n'appartenait à aucun parti. Aussi, quand la solution monarchique se posa devant le pays et devant l'Assemblée, ses amis se demandèrent-ils avec intérêt quelle attitude il allait prendre. Les royalistes espéraient qu'il viendrait à eux, supposant que si, précédemment, il penchait vers les procédés autoritaires, les succès que, depuis, lui avait donnés la tribune, l'engageraient sous la bannière du régime monarchique constitutionnel. Peut-être même, en furent-ils trop facilement convaincus, et ne se préoccupèrent-ils pas assez de s'assurer son appui.

Retiré à Rouen, M. Raoul Duval s'était donc tenu à l'écart pendant la crise. Les adversaires de la monarchie prirent prétexte de son silence pour le mettre dans leurs rangs, et le bruit se répandit qu'il assistait aux réunions des députés bonapartistes. Bien qu'il eût démenti ces rumeurs, ceux qui jusqu'à ce jour, avaient été ses amis politiques s'en alarmèrent, et le général Changarnier le pria de le venir voir. M. Raoul Duval se rendit à cet appel, s'expliqua loyalement et déclara qu'il ne prêterait pas son appui à la combinaison monarchique. Dans une lettre écrite au général peu de jours après, il a exposé lui-même les motifs de sa conduite.

Nous y reviendrons ultérieurement. Nous n'y faisons allusion, en ce moment, que pour prouver que les coalisés s'étaient trop pressés de compter la voix de M. Raoul Duval, parmi celles qui leur seraient acquises.

Cet incident, quelque regrettable qu'il fût, ne pouvait cependant détruire la confiance des royalistes.

Ils espéraient que les conservateurs qui partageaient les doutes et les inquiétudes de M. Raoul Duval, ne consentiraient jamais à favoriser le jeu des radicaux, et n'hésiteraient pas à voter la monarchie, quand la question se poserait résolûment entre le parti de l'ordre et le parti du désordre.

Ce dernier faisait appel à tous les moyens pour recruter des voix et pour entraîner ses ennemis. Il ne cessait d'annoncer que si la monarchie était proclamée, le pays se soulèverait; qu'il y aurait des excès, que les paysans brûleraient les châteaux. Un soir même, à l'Opéra, un membre de l'extrême gauche adressa les paroles suivantes à un royaliste :

— Il faut que les chefs de la Droite et du Centre Droit sachent bien que s'ils perdent la partie, ce n'est pas seulement leur fortune qui est en jeu, c'est aussi leur tête.

Le lendemain, le bruit se répandait que M. Gent était allé proposer à M. Gambetta de soulever le Midi et de se mettre avec lui à la tête de l'insurrection.

— J'espère bien que tu as refusé, dit à ce sujet M. Clément Laurier à son ami M. Gambetta, et que tu as trop d'esprit pour commettre une telle sottise.

M. Gambetta était, en effet, trop prudent pour ne pas repousser la proposition du bouillant député de Vaucluse.

Puisque le nom de M. Clément Laurier est venu sous notre plume, nous ajouterons que, dans ces circonstances, l'ancien secrétaire général de la délégation de Tours, devenu l'un des membres les plus actifs du Centre Droit dans les rangs duquel ses instincts conservateurs et son mépris pour les radicaux qu'il connaissait si bien l'avaient poussé, déploya un tact, un bon sens, une modération, une sagesse qui n'eurent d'égale que l'esprit avec lequel il les traduisit, en toutes circonstances. Ses conseils furent souvent suivis et l'on n'eut pas à s'en repentir.

Vers la fin de la crise, M. Gambetta s'étant un jour, devant lui, flatté de savoir que la monarchie serait battue par une imposante majorité, M. Laurier lui répondit, avec une verve gauloise :

— Tes prévisions me touchent peu, car je te tiens pour un mauvais prophète. Je me souviens qu'à Tours et à Bordeaux, juché toute la journée sur des échelles, devant des cartes géographiques, tu tirais des plans et tu m'annonçais sans cesse que tu battais les Prussiens. Je me souviens encore que le 24 mai, tu m'as affirmé que M. Thiers aurait trente voix de majorité. Je ne peux plus avoir confiance dans tes jugements.

M. Gambetta et ses amis n'en continuaient pas moins à afficher une confiance qui sans doute n'était pas dans leur esprit, mais qui devait, ils l'espéraient, troubler les royalistes. La *République française*, le *Rappel*, se laissaient aller à toutes les violences du langage. La menace était sur toutes les lèvres radicales. Elles ne s'ouvraient que pour annoncer des événements terribles. Il est certain d'ailleurs, et un fait ultérieur vint bientôt le démontrer, que les républicains rouges étaient résolus à s'opposer par tous les moyens à la restauration. Ce n'est pas qu'ils eussent l'illusion de croire qu'ils pourraient empêcher son avénement, ni que les grands chefs du parti formassent le mâle dessein d'exposer d'autres vies que celle des niais, des ignorants et des crédules, rangés sous leurs ordres ; non, ils voulaient l'émeute sanglante, sans se préoccuper du résultat.

— Si nous laissons s'implanter la monarchie sans coup férir, disaient-ils, elle vivra ; si au contraire, nous l'obligeons à verser le sang, elle aura sa base frappée d'un vice incurable qui nous aidera un jour à en triompher.

Ces propos et ces menaces étaient pour beaucoup dans l'attitude du Centre Gauche, groupe particulièrement accessible à la crainte. La peur du lendemain l'aveuglait au point de ne pas lui laisser voir que M. Thiers et les radicaux se jouaient de lui, le premier pour donner satisfaction à son amour immodéré du pouvoir, les seconds, afin de prolonger la crise et d'aggraver le désordre des esprits, dont ils se préparaient à tirer parti. En dépit de tels moyens d'action, mis en œuvre contre la monarchie, et des incidents multipliés que nous venons de résumer, la majorité était assurée. Les efforts persistants des royalistes, dans lesquels leurs adversaires se plaisaient à voir une preuve de faiblesse, avaient pour but, non de la former, mais de la grossir.

Voilà, décrite à grands traits avec la physionomie qu'elle conserva jusqu'au 30 octobre, la situation telle qu'on la put étudier après le retour de M. Chesnelong. Avant de raconter le fait considérable et douloureux qui la modifia, nous avons à revenir sur les événements qui suivirent ce retour, et à les retracer dans leur ordre chronologique.

Ainsi que nous l'avons dit, le succès de la

mission de M. Chesnelong, apparaissait aux yeux du plus grand nombre, comme l'indice certain du succès de la combinaison monarchique. Il n'en fallait pas davantage pour exciter les convictions et les espérances. C'est alors que se posa sérieusement la nécessité de convoquer l'Assemblée nationale, à bref délai, et de ne pas attendre le 5 novembre, terme légal de sa prorogation. C'est à la même heure que les membres de la Droite et du Centre Droit, afin de démontrer au pays l'étendue de la confiance qui les animait et de la lui faire partager, résolurent de s'engager plus complétement qu'ils ne l'avaient fait jusque-là, dans l'entreprise monarchique.

Il avait été toujours entendu que si la proposition monarchique ne devait pas réunir la majorité, elle ne serait pas soumise à l'Assemblée et qu'on en reviendrait alors à la prorogation des pouvoirs du maréchal. Mais, la majorité paraissant assurée au projet de Restauration, par le maintien du drapeau tricolore, la Droite et le Centre Droit, poussant la confiance jusqu'à l'excès, voulurent se fermer toute retraite. N'admettant plus la possibilité de l'échec, ils déclarèrent que « tous les pots étaient coupés derrière eux. »

Ce fut une faute. Elle pouvait enlever le pouvoir aux conservateurs, et au cas où les tentatives royalistes auraient avorté, briser violemment l'édifice du 24 mai. Jamais un général avisé n'a engagé la bataille, sauf des cas désespérés, sans se garder une ligne de retraite. Il n'est pas téméraire de prétendre que la manœuvre plus hardie qu'habile, grâce à laquelle on espérait accroître la majorité, de tous ceux qu'alarmerait l'éventualité du retour de M. Thiers et de ses amis, eut précisément un résultat opposé à celui qu'on en attendait. Elle n'amena pas une adhésion. Ceux qui l'ont approuvée, peuvent prétendre, il est vrai, que c'est à l'heure du scrutin qu'elle eût produit ses fruits. Nous n'en persistons pas moins à penser qu'elle fut imprudente et de nature à provoquer les plus grands périls, sans profit pour la cause qu'elle tendait à servir.

L'imprudence devint plus manifeste encore quand on tenta d'entraîner dans ce mouvement fiévreux et irréfléchi le maréchal de Mac-Mahon et son gouvernement. Un tel procédé était la négation même de la doctrine constitutionnelle, qui a justement pour effet de tenir hors des débats et des dissensions des partis, le chef du pouvoir exécutif.

Dans quelle situation se serait trouvé le président de la République, le 30 octobre, en présence du manifeste de Salzbourg, s'il avait été engagé dans l'entreprise royaliste? Compromis avec elle, affaibli par la défaite, il aurait dû quitter le pouvoir. Fort heureusement, le maréchal de Mac-Mahon résista à ces entraînements. Il se maintint dans la situation qui lui était imposée par ses origines. Les bonapartistes auraient souhaité qu'il fît une déclaration contre la monarchie; les républicains désiraient qu'il parlât en faveur de la république. Il se refusa à ce rôle compromettant et ne prit la parole que pour déclarer « qu'il ne se séparerait pas de la majorité conservatrice qui l'avait élu, et se retirerait, si elle devenait minorité. » Les uns et les autres ont singulièrement abusé de ce langage. Il importe d'en rétablir la véritable signification. Le maréchal, en voyant toute la majorité qui lui avait confié le pouvoir le 24 mai, à l'exception d'un petit nombre de membres, favorable à la Restauration, tint à faire connaître qu'il se considérerait atteint par l'échec qu'elle pourrait subir et se jugerait hors d'état de gouverner. Cette déclaration était un acte de loyauté et un acte d'habileté. Parler ou agir autrement, c'eût été agir ou parler contre ses amis politiques, au profit de ceux qui précédemment avaient voté contre lui, et dans l'intérêt d'une coalition de laquelle il ne pouvait rien accepter, sachant bien qu'elle se disloquerait après la crise, pour le laisser devant la Chambre, désarmé et sans majorité.

Tel fut le mobile de sa conduite. Lorsque de divers points de la France, on lui envoyait des délégués pour le prier de maintenir la république, il ne les recevait pas et leur faisait répondre :

— Le président doit rester en dehors des agitations actuelles de la politique. Il appartient à la Chambre seule de prendre une décision sur la forme du gouvernement. En conséquence, le délégué de l'Assemblée ne peut ni lui en dicter une, ni la lui imposer.

Le cabinet conserva la même attitude. Quand la nouvelle de sa retraite s'accrédita, — c'était vers le 25 octobre, — on ne manqua pas de dire que de graves divisions intérieures créaient cette nécessité. L'appréciation n'était pas fondée. M. Magne n'eut pas, ainsi qu'on l'a prétendu, à ramener ses collègues au respect de la neutralité. Personnellement, chacun des ministres était libre de nourrir des préférences, et l'on ne pouvait attendre que le duc de Broglie et M. Ernoul souhaitassent l'échec de la monarchie. Mais, collectivement, le ministère conserva l'attitude qui lui convenait. Lorsqu'il eut la pensée de se modifier, c'était uniquement afin de placer à l'Intérieur, plus spécialement chargé de dominer la crise et ses suites, un homme de vigueur et d'énergie.

CHAPITRE VI.

Réunions du 22 octobre. — L'exposé du duc d'Audiffret-Pasquier. — Tentative de rapprochement avec le Centre Gauche. — Nouveau récit de M. Chesnelong. — Une lettre de M. Raoul Duval. — La convocation. — Le Centre Gauche. — Le duc d'Audiffret-Pasquier et M. Léon Say. — Déclaration de la réunion de l'appel au peuple. — Les deux versions Chesnelong. — Les informations de la *Liberté*. — Une lettre de M. Chesnelong. — Etat des esprits du 27 au 30 octobre. — Incident de Bellemare. — Complot d'Autun. — La situation.

Le 22 octobre, la Droite et le Centre Droit, convoqués à la suite de la conférence tenue chez M. Anisson-Duperron, se réunirent chacun de son côté à Versailles, pour entendre de la bouche de leurs délégués au Comité des

Neuf, le récit des négociations entreprises en vue de la restauration, et pour décider s'il y avait lieu de faire demander dans la commission de permanence, qui devait se réunir le lendemain, la convocation immédiate de l'Assemblée nationale.

Le duc d'Audiffret-Pasquier présidait la réunion du Centre Droit. Voici le résumé de l'exposé qu'il présenta à ses collègues :

« Pendant le mois de septembre, un assez grand nombre de députés se sont réunis à Versailles, et ont exprimé le désir que les bureaux des différents groupes de la majorité se concertassent, afin d'arriver à une action commune. Ces bureaux se sont réunis chez M. Aubry, et ont chargé une délégation de neuf membres d'étudier les bases d'un programme commun.

» Le Centre Droit était représenté, dans cette réunion, par son président et par l'un de ses vice-présidents.

» La préoccupation constante des délégués du Centre Droit, a été de maintenir l'union des conservateurs et, en même temps, de demeurer fidèles aux principes qui ont toujours dirigé la politique du Centre Droit et qu'on peut résumer ainsi : respect des décisions de la volonté nationale, maintien du drapeau tricolore.

» Sur le premier point, il n'était par possible d'abandonner les droits de l'Assemblée ; sur le second, on se trouvait en présence d'une nécessité de fait que personne ne pouvait méconnaître. Les délégués du Centre Droit ont la ferme conviction qu'ils sont demeurés fidèles aux principes qui devaient dicter leur conduite. Ils n'ont point eu la prétention d'engager la réunion ; ils viennent lui donner connaissance du résultat de leurs efforts et du texte de la résolution qui a été préparée pour être soumise à l'Assemblée.

» Cette résolution se compose de plusieurs articles : L'Assemblée nationale déclarerait que la monarchie nationale, héréditaire et constitutionnelle serait rétablie et appellerait au trône le comte de Chambord, et après lui, les princes de la maison de Bourbon, ses héritiers. Toutes les garanties qui constituent le droit public actuel des Français seraient en même temps déclarées maintenues ; l'égalité pour tous les citoyens devant la loi, l'admissibilité à tous les emplois civils et militaires ; la liberté religieuse, l'égale protection actuellement accordée à tous les cultes ; le vote annuel de l'impôt par les représentants du pays. Le gouvernement du roi présenterait à l'Assemblée des lois constitutionnelles ayant pour but l'organisation des grands pouvoirs publics et de la responsabilité ministérielle.

» Telles sont les déclarations qui accompagneraient le rétablissement de la monarchie héréditaire et qui formeraient le contrat entre le roi et la nation.

» Enfin le drapeau tricolore est maintenu ; il ne pourra y être apporté de modification que par l'accord du roi et de la représentation nationale. Les délégués du Centre Droit ont dû insister sur ce point. Il n'était pas possible de laisser planer l'incertitude sur la couleur du drapeau. Cette grave question se trouve en même temps élevée à la hauteur d'une question législative. Le roi conserve à cet égard son initiative comme sur toutes les autres questions. Mais aucune modification ne peut être apportée au drapeau tricolore que par son accord avec les représentants du pays.

» M. le président ajoute, en terminant, qu'à ses yeux l'hésitation n'est plus possible, que l'expérience de la république conservatrice a échoué et que le parti conservateur offre au pays la monarchie constitutionnelle ayant à sa tête la maison royale de France réconciliée. Quant à lui, il ne doute pas de la victoire. »

Ce discours couvert d'applaudissements, fut suivi d'une communication dont l'honneur revient entièrement au duc Pasquier.

— Il y a dans le Centre Gauche, dit-il, des conservateurs dont beaucoup affirment publiquement qu'ils sont, en théorie, partisans de la monarchie constitutionnelle. Devant cette communauté de sentiments, ne doit-on pas croire que s'il s'est produit des divergences, elles sont dues surtout à des malentendus, ou tout au moins à des défauts d'entente, et n'y aurait-il pas un manque de procédé à tenir plus longtemps les membres du Centre Gauche dans l'ignorance du détail des propositions qui doivent être soumises à l'Assemblée, et dont ils ne pourront prendre connaissance sans y trouver une satisfaction pour tous leurs principes, et une réponse à tous leurs scrupules.

L'Assemblée s'empressa d'adopter cette sage proposition et délégua aux membres de son bureau le soin de se mettre en communication avec le Centre Gauche, suivant la forme qu'ils jugeraient la plus opportune. Ce n'était pas la première fois que le Centre Droit donnait des preuves d'esprit politique. Mais jamais il ne l'avait fait avec autant d'à-propos. Quant au duc Pasquier, il se montrait en cette circonstance fidèle à lui-même, n'ayant pas cessé, pendant la crise, de manifester son désir de conciliation, il avait essayé d'agir sur son beau-frère, M. Casimir Périer. Il était logique qu'il tentât un même effort auprès de M. Léon Say. C'est ainsi qu'il poursuivit activement la formation d'une imposante majorité. Peu de jours avant, comme on lui disait que quelques bonapartistes modérés étaient presque décidés à voter la monarchie, mais qu'ils hésitaient en voyant parmi les chefs du mouvement, un des adversaires les plus résolus de l'empire, il répondit :

— Qu'ils viennent me trouver ; ils trouveront un homme d'honneur à qui parler. La main dans la main, nous nous expliquerons.

Avant que la réunion se séparât, M. Chesnelong prit la parole pour refaire devant elle, le récit qu'il avait déjà fait au Comité des Neuf. Depuis son retour, un incident s'était passé, sans importance en apparence, mais propre à accroître l'autorité des déclarations du député des Basses-Pyrénées. Plusieurs députés, parmi lesquels se trouvait le marquis de la Rochethulon, représentant de la Vienne, ayant manifesté le désir de se rendre auprès du comte de Chambord, avaient été priés de suspendre momentanément ce voyage, « parce que le comte de Chambord, lors de son dernier séjour à Salzbourg, avait communiqué aux députés qui étaient allés le rejoindre dans cette ville ses dernières instructions *et avait chargé en particulier, M. Chesnelong, de les transmettre à ses collègues.* »

Il n'était donc plus possible de contester à ce dernier, son caractère de mandataire officiel. Il retraça au Centre Droit, avec une émotion qui fut partagée, le récit de son voyage, dans les termes dont il s'était déjà servi. Le procès-verbal de la réunion porta dès le lendemain ce récit à la connaissance du pays. On a reproché à ce procès-verbal un défaut d'exactitude. Nous démontrerons tout à l'heure, par la comparaison des textes, que les différences constatées entre la pensée de M. Chesnelong et le compte rendu, n'altéraient pas la vérité.

M. Raoul Duval assistait à cette réunion. Il y était arrivé, perplexe et découragé, sous l'empire d'impressions hostiles à la monarchie, recueillies à Rouen, où la lutte électorale s'engageait et où le général Letellier-Valazé venait de poser sa candidature, sous le patronage de M. Thiers. M. Raoul Duval ne dissimula pas à ses collègues ses appréhensions.

— Vous voulez faire la monarchie, leur dit-il; vous ne vous êtes donc pas rendu compte de l'opinion du pays?

Selon lui, le pays était conservateur, mais

non royaliste. Il traduisit toute sa pensée dans une lettre qu'il écrivit le même jour, au général Changarnier.

« J'ai reçu hier soir, à Rouen, la lettre que vous m'avez fait l'honneur de m'écrire pour me faire savoir que la Commission des Neuf désirait m'entretenir.

» Je ne vous ai pas dissimulé, vendredi dernier, les appréhensions que m'inspirait l'effet produit sur le pays par les projets de restauration monarchique, en la personne du comte de Chambord. Je vous ai dit combien les souvenirs de la monarchie légitime étaient impopulaires dans nos campagnes aussi bien que dans les villes, combien les manifestes antérieurs et les doctrines du chef de la maison de Bourbon éveillaient de défiances. Je ne vous ai pas dissimulé que pour avoir chance de faire accepter la monarchie par le pays, un accord préalablement incontestable sur tous les points entre le prince et les représentants de la nation me paraissait indispensable.

» La communication faite aujourd'hui à la réunion du Centre Droit, loin de dissiper ces appréhensions, n'a fait que les aggraver, et je crains que les intérêts conservateurs, à la défense desquels je me suis dévoué, ne demeurent gravement compromis.

» Le silence gardé par le prince personnellement, laisse intact, aux yeux de la nation, le manifeste du 4 juillet 1871. Il autorise les feuilles qui ont passé jusqu'à ce jour pour recevoir plus particulièrement ses communications, à soutenir que rien n'est modifié dans sa politique, ses doctrines et son drapeau. Cette réserve peut laisser craindre un désaccord avec la représentation nationale, quand elle serait engagée sur la foi de pourparlers susceptibles d'être plus ou moins désavoués.

» La royauté ainsi reconstituée, sans le concours immédiat du pays, et peut-être contre son sentiment, ne me paraîtrait avoir que des chances de durée tout à fait précaires.

» Il m'en coûte singulièrement de me séparer, sur cette question essentielle, de ceux à côté desquels j'ai combattu depuis deux ans ; mais, dans les entreprises du genre de celle qui est aujourd'hui tentée, il importe de ne pas se méprendre sur le coucours et sur les votes.

» L'estime que vous m'avez bien voulu témoigner, me fait un devoir de vous prévenir que je ne puis accepter la responsabilité qu'entraînerait la restauration monarchique, en semblable condition.

» Je demeure donc à l'écart... »

Cette lettre rangeait M. Raoul Duval parmi les abstentionnistes et non parmi les ennemis de la monarchie. Elle ne laissa pas cependant d'affliger ses amis, qui, ne pouvant oublier les services rendus par lui à la cause de l'ordre, respectèrent sa décision, sans comprendre les scrupules de ce noble esprit, et sans perdre l'espoir de le ramener à une solution qui tendait de plus en plus à s'imposer aux conservateurs.

Deux jours après, une démarche fut faite auprès de lui et échoua. Il inclinait de plus en plus vers l'abstention, désireux d'attendre le résultat définitif avant de se prononcer. M. Raoul Duval est de ceux qui, dans les jours troublés où nous passons, ont une grande tâche à accomplir, un rôle considérable à jouer; il peut rendre, il rendra certainement encore de grands services à son pays. Nous ignorons s'il verra couronner ses efforts, et si le peuple, au salut duquel il aura contribué, lui témoignera quelque reconnaissance; mais ce que nous savons, c'est qu'il n'attend rien de semblable, et que dans tous les actes de sa vie, il ne suit d'autre inspiration que celle de son devoir. Il a peu d'amis groupés autour de soi, car il ne suffit pas, pour être admis parmi eux, de l'avoir applaudi ou flatté. L'estime de ceux auxquels il est attaché lui suffit, et il ne cherche d'autre récompense que l'expression sincère de cette estime, le témoignage de sa conscience et le triomphe du parti des honnêtes gens, dont il est le champion solide et désintéressé. De telles natures ne sont pas faciles à convaincre et ce n'est point en faisant briller à leurs yeux, l'attrait du pouvoir et ses jouissances, qu'on les peut séduire. Il n'y avait donc qu'à laisser au temps le soin de lui démontrer que le pays dont il se défiait, n'attendait pour se rallier à la solution monarchique, que de la voir réussir. Quelques bons esprits dans l'Assemblée éprouvaient les mêmes scrupules que lui. C'est au comte de Chambord seul qu'il appartenait de les rallier à sa cause.

A la suite de la réunion, le bureau du Centre Droit se rendit auprès de la Droite qui tenait également séance à l'hôtel des Réservoirs.

— Vous nous avez donné une poignée de main, dit le duc Pasquier, en entrant. Nous venons vous la rendre.

La Droite venait de prendre les mêmes résolutions que le Centre Droit et l'accord des deux groupes se manifesta de nouveau. Dans l'une et l'autre réunion, on avait agité la question de savoir s'il y avait lieu de convoquer immédiatement l'Assemblée, et, en somme, on la conclut négativement. Cette décision, connue dès le lendemain dans Paris, y causa un véritable désappointement. On voulut y voir la preuve que les groupes monarchiques n'étaient pas encore assurés de la majorité et sollicitaient un délai.

Rien n'était moins exact. Certains du succès, au contraire, les groupes monarchiques, après s'être convaincus que la convocation anticipée de la Chambre n'aurait qu'un très-mince résultat pratique, avaient tenu à ne pas justifier les reproches de leurs adversaires qui les accusaient déjà de « vouloir hâter la solution, au risque d'empêcher un certain nombre de députés républicains de se rendre à la Chambre, faute d'un délai suffisant. »

Cette accusation fut formulée dans les conférences que le Centre Gauche tint à Versailles le 23 octobre. La première de ces conférences eut lieu à midi. M. Francisque Rive, député de l'Ain, entretint ses collègues de la publication faite par les journaux du matin, du procès-verbal des décisions prises par la Droite et le Centre Droit relativement au rétablissement de la monarchie du comte de Chambord. Il appela leur attention sur les ouvertures que le duc d'Audiffret-Pasquier proposait de faire au Centre Gauche.

— Il importe, dit-il, que ces ouvertures reçoivent une réponse nette et immédiate. Nous savons quelles sont leur nature et leur portée : elles nous sont révélées par le procès-verbal des réunions de la Droite, qui est un véritable document officiel. Il ne faut pas laisser dire au pays que nous sommes en négociations, car il croirait que le Centre Gauche hésite. Il est nécessaire que nous disions notre pensée. Chargeons donc notre bureau de répondre en notre nom, que nous n'acceptons que des propositions conformes à notre programme : l'organisation de la république conservatrice, qui nous donne l'ordre par la liberté.

M. Laboulaye, dont l'attitude ne pouvait surprendre ceux qu'ont déjà frappés ses contradictions et ses inconséquences, renchérit encore sur ces déclarations.

— On veut vous compromettre, s'écria-t-il. Répondons au Centre Droit que nous ne pouvons nous entendre avec lui que sur le terrain de la république.

C'est ainsi que le Centre Gauche se prêtait aux tentatives de conciliation et d'entente. La séance fut interrompue sur ces habiles paroles, afin de laisser au président, M. Léon Say, le temps d'aller siéger dans la commission de permanence, dont il était membre.

A l'issue de cette commission, il fut abordé par le duc d'Audiffret-Pasquier, qui lui dit sans ambages :

— Vous devez connaître par les journaux, mon cher collègue, le désir où je suis de communiquer au Centre Gauche, les motifs qui ont déterminé la résolution du Centre Droit et qui règlent la conduite de ce groupe parlementaire. Accepteriez-vous cette communication et de quelle façon pourrait-elle s'effectuer?

— Je vous remercie de vos intentions, répondit M. Léon Say. Mais, le Centre Gauche ne peut recevoir de communication du Centre Droit que sur le terrain de la république conservatrice. Nous avons apprécié votre projet. Mais, nous sommes convaincus que dans les conditions où la monarchie est imposée, elle serait considérée par le pays comme une revanche de 1789, ce qu'elle serait d'ailleurs en réalité. Dans ces conditions, le Centre Gauche ne peut accepter de communications officielles qui ressembleraient à des négociations qu'il ne veut pas entamer.

— C'est justement afin de vous prouver que

la monarchie que nous voulons faire ne saurait être une revanche de 1789, que nous avons voulu vous exposer nos idées, reprit le duc d'Audiffret-Pasquier.

Et comme M. Léon Say ne répondait pas, il ajouta :

— Vous refusez ?

— Nous refusons.

— Soit, répliqua le duc Pasquier dans un mouvement d'indignation plus honnête que politique ; si la monarchie est battue, vous vous tirerez d'affaires tout seuls, avec vos amis les radicaux.

Et il s'éloigna. Quelques instants après, le Centre Gauche étant de nouveau réuni, M. Léon Say obtenait un facile succès, en rapportant cet entretien où il s'attribuait un rôle plus digne et meilleur qu'il ne l'avait eu en réalité. La réunion ne se sépara, qu'après avoir voté une résolution ainsi conçue :

« Le Centre Gauche reste uni, dans la conviction que la république conservatrice est la plus sûre garantie de l'ordre comme de la liberté, et que la restauration monarchique dont il est question, ne serait pour la France qu'une cause de nouvelles révolutions. »

Les deux journées qui venaient de s'écouler avaient eu pour résultat d'affirmer l'étroite union des groupes monarchiques et l'union non moins étroite, des groupes républicains coalisés. Mais, les bonapartistes n'avaient pas parlé. Ils le firent le surlendemain, 25 octobre, dans les termes suivants :

« Le parti impérialiste gardera religieusement sa foi politique et son drapeau. Il ne se laissera détourner de sa route par aucune suggestion, aucune calomnie. Il ne consentira ni concessions, ni compromis sur ses doctrines : ordre, souveraineté nationale, démocratie.

» Les députés partisans de l'appel au peuple ont coopéré à la formation de la majorité du 24 mai ; ils s'honorent de ce vote, qui a rassuré le pays, déclinent toute responsabilité dans les actes qui ont ébranlé l'alliance, et se déclarent prêts à étudier toutes les mesures temporaires propres à donner de nouvelles garanties aux intérêts publics.

» L'Assemblée n'a pas la puissance nécessaire pour constituer, — république ou monarchie, — un gouvernement durable et respecté.

» La nation seule, par l'expression libre et directe de sa volonté, peut fonder le gouvernement définitif de la France. L'apaisement des partis, la sécurité, le travail ne peuvent être rendus à la patrie que par ce grand acte de la souveraineté, source incontestée du droit.

» Nos institutions politiques doivent avoir pour base, non quelques voix de majorité, mais des millions de suffrages.

» Les projets de restauration royale sont repoussés par le pays. Ils causent une égale inquiétude aux hommes animés de l'esprit de 1789, éclairés par l'histoire des peuples modernes, et à ceux qui cultivent le sol ou travaillent dans l'atelier.

» Vaines sont les intentions loyales des partisans de la monarchie : droits civiques, indépendance communale, égalité civile, liberté religieuse, éducation publique, tout ce qui forme et constitue la croyance politique d'un peuple, a été ému et alarmé. L'entreprise est impossible ; la tenter par un coup de majorité serait violer le mandat, non l'exercer. On préparerait à la nation les plus redoutables déchirements ; la France ne veut pas de révolution en arrière.

» Donc, le parti impérialiste votera contre toutes les propositions monarchiques.

» N'a-t-il pas d'ailleurs, au milieu de nos agitations publiques, le rôle le plus sincère, alors qu'il dit : « Donnons la parole à la France ;
» à elle de prononcer et de choisir : la Répu-
» blique, la Royauté, l'Empire. »

» A ses enfants d'obéir ! »

On remarqua que ce manifeste ne portait d'autre signature que celles du baron Eschassériaux, président de la réunion de l'appel au peuple, et du comte Ginoux de Fermon, secrétaire. On en conclut que tous les bonapartistes qui siégeaient dans la Chambre, n'avaient pas voulu se rallier à ce manifeste. C'était vrai. La scission s'accentuait de plus en plus, parmi les partisans de l'appel au peuple, dont quelques-uns répugnaient à entrer en alliance avec les radicaux, malgré les efforts faits auprès d'eux afin de leur démontrer que cette alliance n'é-

tait qu'accidentelle et ne compromettait j
doctrine. A cette occasion, on raconta que
pératrice, qui, même sur le trône, ne dis
lait pas ses sympathies royalistes et q
avait prouvées, par un culte touchant et 1
nesque à la fois, pour la mémoire de M
Antoinette, venait d'écrire à quelques-u
ses amis de Paris qu'elle les voyait avec
leur faire cause commune avec les rad
contre la restauration monarchique.

Tandis que ces divers incidents se déroul
le public n'ayant plus autre chose à fair
attendre la réunion de l'Assemblée nati
se livrait nerveusement à mille comment
écoutant tous les bruits, les accueillan
crédulité et ne discutant avec passion, que
point de savoir si la solution monarchiqu
lierait la majorité. A mesure qu'appr
l'heure de la lutte, les convictions se forti
et chacun semblait également assuré de
toire. Les organes de chaque parti ten
des efforts suprêmes pour entraîner l'op
déployant une passion qui fut rareme
passée.

En étudiant de près l'état des esprits, on pouvait néanmoins se convaincre que la monarchie était considérée comme faite. Le *Times* avait publié le programme de « l'entrée du roi. » On racontait que les chevaux étaient achetés, les voitures commandées, et dans certains milieux, on se montrait un peu troublé parce que le roi avait décidé qu'il porterait, en arrivant dans Paris, non l'uniforme des généraux de division, mais un costume semblable à celui de son aïeul Louis XVIII.

Sur ces entrefaites, un grand nombre de journaux légitimistes ouvrirent leurs colonnes à la note suivante :

« Les journaux publient ce matin les procès-verbaux des deux séances tenues hier par la réunion du Centre Droit et la réunion de la Droite. Bien que ces procès-verbaux soient qualifiés d'*officiels*, je dois formuler, en ce qui concerne le premier, les plus expresses réserves. *Les paroles prêtées à M. le comte de Chambord, ne sont pas conformes à celles qu'il a prononcées, et expriment sa pensée d'une façon absolument inexacte.* »

De qui émanait cette note ? On ne l'a jamais su. Elle faisait allusion au langage tenu par M. Chesnelong dans la réunion du 22 octobre, en ce qui concerne le drapeau ; ou du moins, à celui que les rédacteurs du procès-verbal lui avaient prêté, et dont voici le texte :

« Restait la question du drapeau, qui a donné lieu à deux conférences, dont M. Chesnelong retrace les détails, en citant autant que possible les paroles mêmes de M. le comte de Chambord. M. le comte de Chambord aurait dit notamment qu'il n'avait l'intention d'offenser ni son pays, ni le drapeau de son pays, qu'il n'était étranger ni aux gloires que la France avait acquises sous ce drapeau, ni aux douleurs qu'elle avait subies ; que, puisque le drapeau tricolore était le drapeau légal, si les troupes devaient le saluer à son entrée en France, il saluerait lui-même avec bonheur le drapeau teint du sang de nos soldats.

» M. le comte de Chambord aurait ajouté qu'il se réservait de proposer au pays, par l'entremise de ses représentants, une transaction compatible avec son honneur et qu'il croyait de nature à satisfaire à la fois l'Assemblée et le pays.

» C'est à la suite de ces conférences que les délégués de la Droite, présents à Salzbourg, ont déclaré à M. Chesnelong qu'ils adhéraient, en leur nom et au nom de leurs amis, à la rédaction préalablement arrêtée par la Commission des Neuf, et aux termes de laquelle le drapeau tricolore était maintenu. »

Cette version était alors la seule qui eût été mise sous les yeux du public. En jetant un doute sur son exactitude, on infirmait du même coup les déclarations de M. Chesnelong. Les journaux de la coalition s'empressèrent d'exploiter cet incident et de suspecter, non-seulement la véracité du député des Basses-Pyrénées, mais encore le caractère de sa mission. Il eût été facile de leur répondre en publiant le procès-verbal du 16 octobre, dont nous avons donné le texte à la fin du chapitre précédent et qu'on eut le tort de ne livrer à la publicité qu'après le manifeste de Salzbourg. Nous croyons devoir citer de nouveau la partie de ce procès-verbal qui a trait au drapeau :

« M. le comte de Chambord a montré le souci de préserver, dans l'intérêt du pays, les deux forces qui lui semblent nécessaires pour remplir efficacement son devoir royal : l'intégrité de son principe et l'intégrité de son caractère. Il respecte d'ailleurs le sentiment de l'armée pour un drapeau teint du sang de nos soldats ; il n'a jamais été étranger aux gloires et aux douleurs de la patrie ; il n'a jamais eu l'intention d'humilier ni son pays, ni le drapeau sous lequel ses soldats ont vaillamment combattu.

» Les résolutions de M. le comte de Chambord se formulent dans les deux points suivants :

» 1° M. le comte de Chambord ne demande pas que rien soit changé au drapeau, avant qu'il ait pris possession du pouvoir ;

« 2° Il se réserve de présenter au pays et se fait fort d'obtenir de lui par ses représentants, à l'heure qu'il jugera convenable, une solution compatible avec son honneur et qu'il croit de nature à satisfaire l'Assemblée et la nation. »

Il suffit de comparer les deux textes pour se

convaincre que les différences qui existent entre eux, n'en affaiblissent pas la conclusion résumée dans la formule de la Commission des Neuf, à laquelle avaient adhéré MM. Lucien Brun, de Carayon La Tour et de Cazenove de Pradines : « Le drapeau tricolore est maintenu. « Il ne pourra être modifié que par l'accord « du roi et de l'Assemblée. » Telle est bien la formule acceptée par le comte de Chambord. Aussi, quand plus tard, alarmé à tort des interprétations inexactes dont son langage est l'objet, il revendiquera le droit de n'accepter d'autre drapeau que le drapeau blanc, M. Chesnelong aura le droit de dire :

—Ce n'est ni en ces termes, ni sous cette forme que vous aviez promis de l'offrir au pays.

Cet incident, habilement exploité par les journaux de la coalition, troubla quelque peu la quiétude des royalistes. L'*Union* et l'*Univers*, loin de l'affaiblir, prirent plaisir à l'exagérer. Ce n'était d'ailleurs que le premier de ceux qui devaient précéder le dénoûment. Le 5 octobre, la *Liberté* publiait avec solennité une note mystérieuse destinée à affaiblir encore les déclarations de

M. Chesnelong, et qu'elle disait communiq par un fidèle de Frohrsdorf. Cette note é ainsi conçue :

« M. le comte de Chambord est l'honn même; aucune intrigue politique ne pou prévaloir sur sa conscience, sur ce qui est dogme royal.

» Sans doute, depuis le 5 août, aux no breux visiteurs qui sont venus solliciter acquiescement à leurs combinaisons, il a te à faire un accueil dont la parfaite bienveilla a été jusqu'à l'épuisement; mais vis-à d'aucun d'eux, il ne s'est laissé aller à une role qui pût contredire ses déclarations pass ou compromettre le principe par lequel seu est roi.

» Il n'a donné à personne la mission de pa en son nom; il a pu agréer gracieusement offres de dévouement et de services, laisser négociateurs, convaincus sans doute, cherc une forme publique qui pût préparer son tour en France; mais il n'a pris aucun enga ment, ne s'est jamais rallié au régime présentatif, et surtout n'a jamais donn entendre qu'il pût abdiquer son drapeau blanc.

» Du reste, le comte de Chambord est très-préoccupé de tous les agissements qui tendraient à compromettre l'affirmation du principe en dehors duquel il n'a rien à faire et ne peut rien faire.

» Si l'Assemblée nationale lui présentait la couronne aux conditions torturées que publient certains journaux, il la refuserait sur l'heure. En tous cas, jamais il n'abdiquera, pas plus à Frohrsdorf qu'à Paris.

» Quant à l'éventualité de prétendus compromis de conscience, dus à l'influence de hautes notabilités religieuses, il est possible que de pareils calculs aient pu entrer dans l'esprit de certaines gens qui font passer leur ambition avant les intérêts de la France et de l'Église ; mais le comte de Chambord est et demeurera inébranlable : *justum et tenacem.* »

Cette publication ne produisit pas tout l'effet qu'en attendaient ses auteurs. Elle fut formellement démentie par les journaux royalistes. Ce qui prouvait d'ailleurs qu'elle était apocryphe, c'est que le *Paris-Journal* en avait reçu aussi un exemplaire qu'il mit au panier et n'en retira que pour constater qu'il différait, par plus d'un point, de celui qui avait été communiqué à la *Liberté*.

« Au troisième paragraphe de la protestation, disait le *Paris-Journal*, après ces mots : « il n'a donné à personne la mission de parler en son nom », le texte qui nous a été adressé porte ceux-ci, omis par la *Liberté : Il ne croit pas qu'il existe parmi ses amis un homme assez rompu aux grandes affaires, assez pénétré de sa pensée pour s'en rapporter absolument à lui.*

» Dans le même paragraphe, au lieu de : « négociateurs convaincus sans doute », notre texte porte : *négociateurs improvisés.*

» Dans le même paragraphe encore, au lieu de : « régime représentatif », *parlementarisme*

» Au paragraphe suivant, au lieu de : « compromettre l'affirmation du principe, » notre texte dit : *voiler l'affirmation.*

» Enfin, l'avant-dernier paragraphe de cette protestation est ainsi rédigé dans la copie qui nous a été personnellement adressée :

» Si l'Assemblée nationale lui présentait la

» couronne aux conditions torturées que pu-
» blient certains journaux, il la refuserait sur
» l'heure. *Il aime à croire que les princes d'Or-
» léans, qui se sont mis à sa suite, garderont la
» même attitude* (les mots soulignés sont omis
» par la *Liberté*). En tout cas, jamais il n'abdi-
» quera, pas plus à Frohrsdorf qu'à Paris. »

La *Liberté*, qui apportait dans sa campagne contre la restauration, une ardeur plus violente qu'habile, et nullement dégagée d'une étourdissante fantaisie, ayant maintenu son document, et tenté d'en prouver l'authenticité par des renseignements trop précis pour être vrais, s'attira de M. Chesnelong cette réponse péremptoire, datée de Versailles le 26 octobre :

« Monsieur le rédacteur, sous le titre de: *Dernières nouvelles de Frohrsdorf*, vous avez publié, dans votre avant-dernier numéro, une communication anonyme dont je ne veux rechercher ni l'origine ni le but. Vous dites aujourd'hui : « MM. Chesnelong et Lucien Brun
» ne nous contrediront pas, pour peu qu'ils
» veuillent bien se rappeler en présence de qui
» ils ont parlé à M. le comte de Chambord. »

» M. le comte de Chambord a bien vo m'accorder trois audiences. Elles n'ont pas de témoin ; j'ai toujours été seul avec lui.

» Jé maintiens, dans les termes où je l'ai et tel que mes collègues l'ont entendu, l'exp successivement présenté à la Commission Neuf, aux bureaux des réunions parlementai enfin aux réunions du Centre Droit et des servoirs ; j'en affirme la vérité absolue. »

Ce fut un rude coup porté aux informati de la *Liberté*. Le journal de M. Léonce Détro essaya vainement de rétablir son crédit, en cutant la lettre de M. Chesnelong.

« M. Chesnelong nous dit qu'il a eu l'h neur d'être reçu trois fois par M. le comte Chambord, en audience particulière, et personne n'assistait à ces entretiens. Nous doutons pas de la parole de l'honorable dépu mais nous maintenons qu'en dehors de ces « diences particulières, » il y a eu, pendant séjour de M. Chesnelong à Salzbourg, d'aut *entretiens* qui ont permis à M. le comte de Cha bord, aussitôt qu'il a eu connaissance du proc verbal publié par la Droite, d'en témoigner s étonnement et même de dire à *l'ami intime :* « Tu étais là, toi ! Est-ce bien là, le sens de mes » paroles ? »

L'invention de *l'ami intime*, tutoyé par le prince, fut jugée charmante, mais ne parvint à convaincre personne. La *Liberté* crut en outre, devoir affirmer que le comte de Chambord n'avait dans l'Assemblée aucun mandataire officiel. Elle n'eût point affirmé pareille chose, si elle avait connu la communication faite, le 20 octobre, au marquis de La Rochetulon et aux députés qui se préparaient à partir avec lui pour Frohrsdorf, dans laquelle il était dit « que le comte de Chambord, lors de son dernier séjour à Salzbourg, avait communiqué ses dernières instructions aux députés qui étaient allés le voir dans cette ville, et *chargé en particulier M. Chesnelong de les transmettre à ses collègues.* »

Nous n'avons insisté sur cet épisode qu'afin de démontrer que, bien que les prévisions de la *Liberté* se soient réalisées, elles n'avaient aucun fondement à l'heure où elle les formulait, n'obéissant qu'à sa passion. Il est positif, toutefois, que les communications à l'aide desquelles elle rédigeait ces nouvelles bizarres, lui venaient d'un personnage placé assez près du comte de Chambord pour paraître au courant des secrets les plus graves, mais point assez dans sa confiance pour les connaître. On a attribué ces indiscrétions insuffisantes à madame la comtesse de Chambord. Nous avons trop de respect pour elle pour croire qu'elle s'est prêtée à ce jeu. On a parlé aussi de communications faites par la Prusse. Nous prisons trop l'esprit du directeur de la *Liberté*, pour croire qu'il ait accepté sans contrôle les nouvelles venues d'une telle source.

On était alors au 27 octobre. Les faits que nous venons de raconter imposaient au comte de Chambord l'obligation de parler. Le langage de son mandataire mis en doute, sa sincérité soupçonnée, le parti royaliste affaibli, c'était assez pour le contraindre à faire entendre sa voix. Les manifestations et les désirs de l'opinion s'exprimèrent dans ce sens, et l'on annonça tout à coup que MM. de Falloux et Lucien Brun étaient partis pour Frohrsdorf, afin d'obtenir une lettre qui confirmerait les assertions de M. Chesnelong. On alla jusqu'à dire que cette lettre existait, mais qu'elle ne serait rendue publique qu'au dernier moment, afin de n'être pas exposée, avant l'heure, à devenir la pâture des appréciations malveillantes ou hostiles.

Pendant les trois jours qui s'écoulèrent ainsi, les moindres incidents excitaient l'opinion. Le *Figaro* publia, signée de son rédacteur en chef, une lettre adressée à l'Impératrice, dans laquelle celle-ci était suppliée d'engager les partisans de l'empire à voter la monarchie et de briser ainsi l'alliance monstrueuse conclue par eux avec les radicaux. Les journaux se livraient à des calculs sans fin pour établir à l'avance les chiffres du vote définitif et publiaient des tableaux sur lesquels figuraient des députés morts depuis plusieurs semaines. L'anxiété publique s'augmentait d'heure en heure, accrue encore par le langage imprudent des ultra-royalistes et de leurs organes. Les réunions de la Gauche et du Centre Gauche se succédaient, M. Thiers s'agitait, et, de toutes parts, on s'étonnait du silence prolongé du comte de Chambord.

Le 28, le *Journal officiel* publia les pièces suivantes :

ORDRE A L'ARMÉE. « Le ministre de la guerre a reçu de M. le général de Bellemare, commandant la subdivision de la Dordogne, une lettre par laquelle cet officier général se refuse à reconnaître la souveraineté de l'Assemblée nationale.

» Le ministre de la guerre ne pouvant tolérer qu'un officier sous les drapeaux, méconnaisse la représentation légale du pays, M. le général de Bellemare a été immédiatement démis de son commandement et mis en non-activité par retrait d'emploi, par décret de M. le maréchal Président de la République.

» Versailles, le 28 octobre 1873.

» Général DU BARRAIL. »

ORDRE DU JOUR A L'ARMÉE. « Soldats !

» Un seul acte d'indiscipline a été commis dans l'armée.

» Le maréchal Président de la République est convaincu qu'il ne se renouvellera pas; il connaît l'esprit de dévouement qui vous anime. Vous saurez maintenir dans l'armée cette union et cette discipline, dont elle a toujours donné l'exemple, qui font sa force, et qui, seules, peuvent assurer la tranquillité et l'indépendance du pays.

» Comme soldats, notre devoir est bien tracé, il est indiscutable : en toutes circonstances, nous devons maintenir l'ordre et faire respecter la légalité.

» Versailles, le 28 octobre 1873.

» Le Président de la République,

» Maréchal de MAC-MAHON, duc de Magenta. »

La lettre à laquelle il était fait allusion dans ces documents, était datée de Périgueux, le 25 octobre et conçue en ces termes :

« Monsieur le ministre, je sers la France depuis trente-trois ans avec le drapeau tricolore, et le gouvernement de la République depuis la chute de l'Empire. Je ne servirai pas sous le drapeau blanc, et je ne mettrai pas mon épée à la disposition du gouvernement monarchique, restauré en dehors de la libre expression de la volonté nationale.

» Si donc, par impossible, un vote de l'Assemblée actuelle, rétablissait la monarchie, j'ai l'honneur de vous prier, monsieur le ministre, de vouloir bien, dès le moment précis de ce vote, me relever du commandement que vous m'aviez confié. Général DE BELLEMARE. »

La répression vigoureuse de cet acte d'indiscipline fut généralement approuvée ; l'exemple fut salutaire. On commençait à comprendre les périls de l'intervention des militaires dans la politique ; la double candidature du général Saussier dans l'Aube et du général Letellier-Valazé dans la Seine-Inférieure, où elle recevait l'appui des radicaux, avait ouvert les yeux aux plus récalcitrants.

Enfin, comme si aucune émotion ne devait manquer à cette période fiévreuse et pleine d'angoisses, la *Gazette des Tribunaux* annonçait, le 30 octobre, qu'un complot contre la sûreté publique, venait d'être découvert dans le département de Saône-et-Loire et que plusieurs arrestations avaient eu lieu. Les inculpés étaient poursuivis pour affiliation à une société secrète qui avait résolu l'arrestation de Mme la marquise de Mac-Mahon, nièce de M. le maréchal, président de la République, en son château de Sully. Veuve, vivant avec ses enfants dans un pays qu'elle comble de ses bienfaits, Mme de Mac-Mahon, désignée par le glorieux nom qu'elle porte, devait servir d'otage aux insurgés !

Ces divers détails, encore présents à toutes les mémoires, ajoutaient à l'agitation du pays si profondément troublé par l'attente dans laquelle on le laissait. A mesure qu'approchait l'heure décisive où les partis devaient se trouver en présence, son angoisse grandissait. Ses yeux étaient tournés du côté de Frohrsdorf. C'est de là qu'il attendait le mot qui devait décider de ses destinées. Faisant allusion à la lettre qu'on espérait, un personnage politique écrivait :

« Si elle est ce qu'elle peut et doit être, on verra l'opinion fatiguée subir un de ces revirements décisifs qui assurent le succès des grandes causes, et se montrer aussi enthousiaste qu'elle s'est montrée défiante depuis trois jours, par suite des fausses nouvelles des ennemis de la monarchie et des appréciations de ceux de ses amis qui veulent être, suivant une expression vulgaire, plus royalistes que le roi. Oh! ceux-là nous ont aussi fait bien du mal et leur radicalisme n'a pas été moins dangereux, exprimé par l'*Union* et l'*Univers*, que le radicalisme dont le *Rappel* est l'organe.

» Mais à quoi bon insister sur ces tristesses d'un jour? Qu'importent les anxiétés subies si le succès couronne nos efforts? Ce succès dépend, en ce moment, de la décision que prendra le comte de Chambord. Dieu daigne l'inspirer! Si sa réponse est telle que nous avons le droit de l'espérer, il aura fondé en France un gouvernement que tous les bons citoyens accepteront. Si, au contraire, il ne comprend ni son temps, ni son pays, alors, il faudra ceindre nos reins, élever nos courages, car l'heure des grandes épreuves aura sonné.

» Mais, je ne peux croire à une hypothèse

aussi douloureuse. Nous ne pouvons pas avoir vécu si longtemps dans l'espérance du salut, pour le voir s'évanouir. Non, nous n'avons pas caressé une chimère, et la monarchie légitime et nationale, fondée sur l'accord de la souveraineté du peuple et sur celle du roi, n'était point un rêve de poëte. Ce qui s'est passé ne démontre pas que le pays ait la haine de la monarchie. Cela prouve que le drapeau blanc est l'objet de ses répugnances, et qu'il repousse unanimement les procédés du gouvernement que ce drapeau lui rappelle. Mais lui présenter, à l'ombre du drapeau tricolore, la monarchie traditionnelle réconciliée avec la liberté, c'est aller au-devant de ses vœux et lui assurer un repos dont il a ardemment soif. »

CHAPITRE VII.

Le manifeste de Salzbourg. — Sa publication. — Journée du 30 octobre. — Un mot de M. Chesnelong. — Le Conseil des ministres. — Physionomie de Paris. — Les cercles parlementaires. — La régence du comte de Paris. — Négociations. — Refus des princes d'Orléans. — Nécessité d'une solution immédiate. — L'attitude et l'œuvre du Centre Droit. — Le comte de Chambord devant l'opinion. — L'influence de la comtesse de Chambord.

Parmi les partisans de la royauté, les plus pessimistes n'expliquaient leurs anxiétés et leurs angoisses que par l'incertitude dans laquelle ils se trouvaient, quant à la formation de la majorité parlementaire.

Tous étaient d'accord pour reconnaître que si M. le comte de Chambord tenait le langage qu'on attendait de lui, et s'exprimait ainsi qu'il pouvait et devait le faire, cette majorité serait assurée ; et que même, s'il gardait le silence, elle était possible.

Mais, aucun d'eux n'avait prévu que le prince oserait détruire d'un coup de plume l'échafaudage élevé avec tant de peine, au milieu du déchaînement des opinions les plus hostiles et les plus opposées.

Les chefs du mouvement conservaient toute leur confiance. Le départ de M. Lucien Brun, bruyamment annoncé et tardivement démenti, laissait carrière ouverte à l'espérance. L'opinion publique elle-même semblait subir un courant mystérieux, qui la disposait au succès. Les incertitudes des jours précédents étaient à ce point dissipées, que tandis que les ennemis de la monarchie subissaient les plus vives alarmes, la Bourse, revenue de ses impressions de la veille, retrouvait sa fermeté et tendait manifestement vers la hausse.

Dans les rues aussi bien que dans les milieux politiques, on s'interrogeait consciencieusement ; chacun avait hâte de connaître les nouvelles de Frohrsdorf et sur les boulevards on recueillait des lambeaux de phrases, tels que ceux-ci :

— N'y a-t-il rien de nouveau?

— Le prince ne peut pas ne pas parler.

— Son adhésion à tout ce qui a été dit était acquise d'avance. La monarchie est faite.

Nul de ceux qui ont passé à Paris cette journée ne nous démentira. Ce sont bien là les impressions qui se manifestaient.

Tout à coup la scène changea. *L'Union* mise en vente, comme de coutume, vers six heures du soir, vint faire connaître, au gros du public la lettre manifeste de M. le comte de Chambord, qu'un petit groupe de privilégiés connaissaient à peine depuis quelques instants et dont les mieux informés ignoraient à ce point l'existence que la *Gazette de France* publiée à cinq heures, n'en faisait pas mention, allant même jusqu'à annoncer qu'il n'était arrivé aucune nouvelle lettre de Frohrsdorf. Cette lettre portant le timbre de Salzbourg et la date du 27 août, adressée à M. Chesnelong, était ainsi conçue :

« J'ai conservé, monsieur, de votre visite à Salzbourg un si bon souvenir, j'ai conçu pour votre noble caractère une si profonde estime que je n'hésite pas à m'adresser loyalement à vous, comme vous êtes venu vous-même loyalement vers moi.

» Vous m'avez entretenu, durant de longues heures, des destinées de notre chère et bien-aimée Patrie, et je sais qu'au retour, vous avez prononcé, au milieu de vos collègues, des paroles qui vous vaudront mon éternelle reconnaissance. Je vous remercie d'avoir si bien compris les angoisses de mon âme, et de n'avoir rien caché de l'inébranlable fermeté de mes résolutions.

» Aussi ne me suis-je point ému quand l'opinion publique, emportée par un courant que je déplore, a prétendu que je consentais enfin à devenir le Roi légitime de la Révolution. J'avais pour garant le témoignage d'un homme de cœur, et j'étais résolu à garder le silence, tant qu'on ne me forcerait pas à faire appel à votre loyauté.

» Mais puisque, malgré vos efforts, les malentendus s'accumulent, cherchant à rendre obscure ma politique à ciel ouvert, je dois toute la vérité à ce pays dont je puis être méconnu, mais qui rend hommage à ma sincérité, parce qu'il sait que je ne l'ai jamais trompé et que je ne le tromperai jamais.

» On me demande aujourd'hui le sacrifice de mon honneur. Que puis-je répondre? Sinon que je ne rétracte rien, que je ne retranche rien de mes précédentes déclarations. Les prétentions de la veille me donnent la mesure des exigences du lendemain, et je ne puis consentir à inaugurer un règne réparateur et fort par un acte de faiblesse.

» Il est de mode, vous le savez, d'opposer à la fermeté d'Henri V l'habileté d'Henri IV. *La violente amour que je porte à mes sujets*, disait-il souvent, *me rend tout possible et honorable*.

» Je prétends, sur ce point, ne lui céder en rien, mais je voudrais bien savoir quelle leçon se fût attirée l'imprudent assez osé pour lui persuader de renier l'étendard d'Arques et d'Ivry.

» Vous appartenez, monsieur, à la province qui l'a vu naître, et vous serez, comme moi, d'avis qu'il eût promptement désarmé son interlocuteur, en lui disant avec sa verve béarnaise : **Mon ami, prenez mon drapeau blanc, il vous conduira toujours au chemin de l'honneur et de la victoire.**

» On m'accuse de ne pas tenir en assez haute estime la valeur de nos soldats, et cela au moment où je n'aspire qu'à leur confier tout ce que j'ai de plus cher. On oublie donc que l'honneur est le patrimoine commun de la Maison de Bourbon et de l'armée française, et que, sur ce terrain-là, on ne peut manquer de s'entendre !

» Non, je ne méconnais aucune des gloires de ma Patrie, et Dieu seul, au fond de mon exil, a vu couler mes larmes de reconnaissance toutes les fois que, dans la bonne ou dans la mauvaise fortune, les enfants de la France se sont montrés dignes d'elle.

» Mais nous avons ensemble une grande œuvre à accomplir. Je suis prêt, tout prêt à l'entreprendre quand on le voudra, dès demain, dès ce soir, dès ce moment. C'est pourquoi je veux rester tout entier ce que je suis. Amoindri aujourd'hui, je serais impuissant demain.

» Il ne s'agit de rien moins que de reconstituer sur ses bases naturelles une société profondément troublée, d'assurer avec énergie le règne de la loi, de faire renaître la prospérité au dedans, de contracter au dehors des alliances durables, et surtout de ne pas craindre d'employer la force au service de l'ordre et de la justice.

» On parle de conditions; m'en a-t-il posé ce jeune prince, dont j'ai ressenti avec tant de bonheur la loyale étreinte, et qui, n'écoutant que son patriotisme, venait spontanément à moi, m'apporter au nom de tous les siens des assurances de paix, de dévouement et de réconciliation?

» On veut des garanties; en a-t-on demandé à ce Bayard des temps modernes, dans cette nuit mémorable du 24 mai, où l'on imposait à sa modestie la glorieuse mission de calmer son pays par une de ces paroles d'honnête homme et de soldat, qui rassurent les bons et font trembler les méchants?

» Je n'ai pas, c'est vrai, porté comme lui l'épée de la France sur vingt champs de bataille, mais j'ai conservé intact, pendant quarante-trois ans, le dépôt sacré de nos traditions et de nos libertés. J'ai donc le droit de compter sur la même confiance et je dois inspirer la même sécurité.

» Ma personne n'est rien ; mon principe est tout. La France verra la fin de ses épreuves quand elle voudra le comprendre. Je suis le pilote nécessaire, le seul capable de conduire le navire au port, parce que j'ai mission et autorité pour cela.

» Vous pouvez beaucoup, monsieur, pour dissiper les malentendus et arrêter les défaillances à l'heure de la lutte. Vos consolantes paroles, en quittant Salzbourg, sont sans cesse présentes à ma pensée : la France ne peut pas périr, car le Christ aime encore ses Francs, et lorsque Dieu a résolu de sauver un peuple, il veille à ce que le sceptre de la Justice ne soit remis qu'en des mains assez fermes pour le porter.

» HENRI. »

Telle était la lettre autographe remise à midi à M. Chesnelong, à Versailles, par M. de Dreux-Brézé, qui lui fit savoir en même temps que pour se conformer aux ordres qu'il avait reçus, il devait en envoyer une copie au journal l'*Union*, afin de la porter sans retard à la connaissance de la France.

Le premier mot de M. Chesnelong trahit sa douleur et son mécontentement. Il y avait si loin du langage du prince, à celui qu'il avait tenu lui-même, au retour de son voyage à Frohrsdorf, avec la certitude qu'il interprétait exactement la pensée dont il venait d'être le confident, que sa loyauté se révolta d'abord.

— Je vais écrire à Frohrsdorf, dit-il; j'irai, au besoin, afin de rappeler à monseigneur le comte de Chambord les réponses qu'il a faites à mes propositions.

M. Chesnelong devait être bien cruellement surpris, en effet, de recevoir ce bruyant démenti, alors que quelques-uns de ses amis politiques savaient par lui qu'après avoir travaillé durant trois séances avec M. le comte de Chambord, il avait, avant de quitter Salzbourg, le 14 octobre dans la soirée, poussé la prudence jusqu'à faire réveiller le prince, afin de soumettre à son approbation la phrase relative au drapeau, et qu'ainsi, il n'avait répété cette phrase qu'après s'être muni d'une autorisation verbale.

Mais, M. de Dreux-Brézé lui avoua qu'il savait que les intentions du prince étaient formelles et irrévocables, et que ni télégrammes, ni lettres, ni visites ne sauraient les changer. M. Chesnelong se rendit à ces raisons.

Il envoya au gouvernement copie de la lettre qu'il venait de recevoir et partit pour Paris, où le Comité des Neuf, convoqué par ses soins en entendit la lecture quelques heures après.

— Je n'avais rien dit, ajouta en terminant M. Chesnelong, qu'on ne m'eût autorisé à dire. J'en appelle du roi à Dieu.

Cette énergique et solennelle protestation, dans la bouche d'un honnête homme, impressionna les personnes présentes et il ne vint à la pensée d'aucune d'elles que M. Chesnelong avait pu traduire d'une manière inexacte la pensée du comte de Chambord.

Sur le moment, on fut même d'avis qu'il devait écrire au prince pour rétablir la vérité des faits. Mais le trouble des cœurs et des esprits était extrême. Chacun en avait conscience et on résolut d'attendre jusqu'au lendemain, avant de prendre une décision à laquelle il importait d'enlever tout caractère de précipitation ou de dépit.

A la même heure, cinq ministres, MM. de Broglie, Beulé, Ernoul, Dompierre-d'Hornoy et de la Bouillerie se réunissaient chez M. le maréchal de Mac-Mahon. MM. Magne, Desseilligny, et le général du Barrail étaient absents. Quant à M. Batbie, il avait quitté Versailles pour se rendre à Paris où il devait dîner, et c'est au théâtre de la Gaîté où il s'était rendu ensuite pour assister à la représentation du *Gascon*, qu'il connut par les journaux le manifeste du comte de Chambord.

Les cinq ministres, réunis chez le maréchal-président, examinèrent avec lui la situation que faisait au gouvernement la décision définitive du comte de Chambord et les mesures qu'elle était de nature à nécessiter.

Deux questions se posaient naturellement.

Le maréchal-président se trouvait-il atteint par l'échec de la solution monarchique?

Le ministère pouvait-il en être affaibli?

Il fut répondu négativement sur la première question. Le langage du maréchal, pendant la durée de la crise, n'avait eu d'autre but que d'exprimer la ferme volonté où il était de ne conserver le pouvoir qu'autant que le parti conservateur de qui il le tenait resterait dans la Chambre en majorité.

Quant au ministère, le président était lui-même d'avis qu'il devait ne pas se désunir et se présenter devant l'Assemblée tel qu'il était au moment de la prorogation. D'ailleurs, les ministres présents, les seuls desquels il fût permis de dire qu'ils avaient vu avec sympathie la possibilité d'une restauration, se déclaraient prêts à se retirer, ce à quoi le maréchal ne jugea pas opportun de consentir.

On dit aussi un mot des solutions qui vraisemblablement allaient être agitées dans les groupes parlementaires. Le duc de Broglie mit en avant l'hypothèse de la proclamation de la monarchie, soit avec la régence du comte de Paris, soit avec la lieutenance générale du maréchal. La régence du comte de Paris ne parut pas sourire aux ministres appartenant à la Droite. Quant à la lieutenance générale, le maréchal l'écarta en quelques mots, lesquels, tout en prouvant qu'il restait aux ordres du parti conservateur, témoignaient de son désir de ne conserver le gouvernement qu'autant qu'il ne serait rien changé aux conditions existantes. C'était la prorogation des pouvoirs qui se posait ainsi préférablement à toute autre combinaison, comme la seule susceptible de grouper tous les partis et de rallier dans le pays, toutes les opinions hostiles à la monarchie. Elle devait prévaloir contre toute autre, parce que les circonstances l'imposaient.

Cependant la nouvelle se répandait dans Paris.

Aussitôt après la publication de l'*Union*, la plupart des feuilles du soir avaient lancé des éditions supplémentaires contenant le manifeste, et à l'heure où les Parisiens quittent la table pour se rendre soit au théâtre, soit sur les boulevards, ils apprenaient l'événement. Il faut avoir vu la stupéfaction générale pour s'en faire une idée exacte ou pour la décrire.

De la Madeleine au faubourg Montmartre, les kiosques étaient assaillis ; on s'arrachait les journaux qu'on lisait à la lueur des réverbères ou devant les magasins. La petite Bourse venait de s'ouvrir, sous l'empire d'une panique qui provoquait sur les fonds publics une baisse effroyable. Les groupes étaient fiévreux, agités. La foule s'arrêtait autour des faiseurs de commentaires, à quelques pas des ruines encore fumantes de l'Opéra.

Ce tumulte, au milieu des sergents de ville et des cavaliers placés aux abords du monument incendié, donnait à cette partie du boulevard la physionomie des journées néfastes qui avaient précédé la guerre et la Commune.

On pouvait saisir au passage les réflexions les plus diverses. Les uns se réjouissaient de voir écarter les périls que des imaginations trop fécondes ou faciles à s'alarmer avaient à l'avance accumulés à plaisir autour de la restauration monarchique; les autres blâmaient énergiquement le prince qu'ils accusaient de n'avoir pas su accomplir un grand devoir, en sacrifiant son amour-propre au bonheur de son pays. Il en est enfin qui prétendaient qu'il n'avait ni le goût, ni le désir du pouvoir et qu'il redoutait les dangers qui entourent le trône. Beaucoup aussi se frottaient les mains, en alléguant ceux-ci que la république était fondée, ceux-là que le retour de l'empire était assuré.

Dans les foyers des théâtres, l'agitation n'était pas moindre, aux Italiens notamment, où M. Léonce Détroyat, rédacteur en chef de la *Liberté*, se promenait ainsi qu'un triomphateur, tout fier d'avoir vu ses prévisions se réaliser, et où M. Paul de Cassagnac déclarait que le parti bonapartiste se rallierait à toute proposition ayant pour but de proroger les pouvoirs du maréchal. C'est d'ailleurs la solution qui apparaissait partout au public, comme la plus facile, la plus raisonnable et la plus conforme aux désirs du pays.

L'impression des cercles parlementaires était loin d'offrir la même unanimité.

Le Centre Gauche formé, en grande majorité, nous l'avons dit, de membres également inscrits à la Gauche, s'était réuni ce soir-là, à huit heures, et là, comme s'il eût redouté que le manifeste de Salzbourg, en rendant impossible toute combinaison monarchique et en reconstituant la majorité du 24 mai, ne le réduisît à son impuissance accoutumée, il s'était empressé de prendre bruyamment la résolution suivante : « Le Centre Gauche, s'inspirant des témoignages d'approbation qui lui sont parvenus de tous les points de la France, déclare que le moment est venu de sortir du provisoire et d'organiser la République conservatrice. » Puis il s'était déclaré en permanence, prêt à tout événement.

L'extrême Gauche ne tenait pas de réunion ; mais, plusieurs de ses membres s'étaient rendus chez M. Gambetta qui semblait regretter les avances faites et les louanges données les jours précédents à M. Casimir Périer et à ses amis. Ces avances et ces louanges rendaient ceux-ci, de l'aveu même du parti radical, les maîtres du terrain. C'était en quelque sorte une abdication sur laquelle il importait de revenir.

Il y avait aussi réception chez M. Thiers, à l'hôtel Bagration, dans le faubourg Saint-Honoré. Les députés venus afin de se réjouir avec l'ancien président de l'échec de la monarchie, lui adressaient des félicitations comme s'il eût été l'auteur du manifeste de Salzbourg.

Debout devant la cheminée, et tenant dans les mains un journal du soir, M. Thiers était radieux. Un moment vint où il ne résista pas au désir de donner lecture de la lettre royale. On fit silence autour de lui et il commença d'une voix lente et mesurée. Quand il arriva au passage dans lequel il est question « du drapeau d'Arques et d'Ivry » il s'interrompit, et levant les yeux au-dessus de ses lunettes, il dit, de cet accent malicieux que connaissent bien ceux qui l'ont entendu :

— Je voudrais voir la tête de Pasquier.

L'éclat de rire de ses courtisans lui répondit.

Enfin, les membres les plus importants du Centre Droit, réunis chez l'un d'eux, M. Lambert de Sainte-Croix, étudiaient la situation, et cherchaient une combinaison qui n'entamât ni la majorité monarchique, ni son programme. Sous l'empire des idées agitées dans cette réunion intime, l'un des députés présents, considérable par son nom et son rang, rédigea la note suivante :

« La lettre du comte de Chambord nous a » plus attristés qu'étonnés. Elle consacre un » renoncement qui n'est pas sans grandeur, » mais auquel le parti monarchique ne saurait » s'associer. Nous sommes de ceux qui de- » mandent à la monarchie, la sauvegarde des » libertés publiques et la protection des grands » intérêts de la France. Nous avions espéré » que l'adhésion du comte de Chambord au » programme qui affirmait les principes et le » drapeau de la France moderne nous per- » mettrait de restaurer immédiatement la » monarchie, sous sa forme doctrinale et tra- » ditionnelle. Le prince en a décidé autre-

» ment ; nous avions voulu atténuer pour lui » la rigueur des formules et nous avions sup- » posé que ce sacrifice compris et accepté par » lui serait ratifié par le pays. La droiture » de nos intentions, les précautions que nous » prenions pour sauvegarder l'avenir, nous » semblaient suffisantes pour assurer cette » ratification. Il nous faut aujourd'hui l'ob- » tenir d'une déclaration plus nette, d'une » formule plus explicite. Nous proposerons » donc à l'Assemblée d'imposer la monarchie » constitutionnelle et contractuelle telle que la » réclament les intérêts et les droits de la » Société de 1789. Nous solliciterons une » dernière fois du Prince qui représente le » droit héréditaire, l'adhésion et le serment » que la monarchie n'a jamais refusés au » principe national qui a fait sa force et sa » grandeur. Si le Prince nous refuse ce ser- » ment et cette sanction, fidèles au droit et à » la tradition monarchique, nous demanderons » à l'héritier de la couronne de conserver en » ses mains sous le titre de « régent » ce droit » et cette tradition qu'il ne saurait dépendre

» d'un homme si haut placé qu'il soit de dé-
» naturer et de compromettre. »

C'était la régence de M. le comte de Paris posée en termes clairs et choisis pour frapper les esprits attachés à la doctrine monarchique et libérale. La combinaison, d'une origine déjà ancienne, et précieusement conservée comme ligne de retraite, était habile, en ce sens qu'elle pouvait rallier des hommes tels que MM. Sébert, Alfred André, Denormandie, Raoul Duval, Casimir Périer, et tous ceux qui, en se prononçant contre la monarchie, avaient manifesté surtout leur répugnance pour le drapeau blanc et l'ancien régime. Elle donnait satisfaction au Centre Droit qui sacrifiant ses sympathies et ses préférences, n'obéissant qu'à son patriotisme, avait suivi la Droite sur le chemin de Frohrsdorf. Elle était digne enfin du prince qu'elle plaçait à la tête du gouvernement, au titre d'héritier de la couronne, et en l'absence du roi empêché.

Mais, pour qu'elle fût possible, il fallait d'abord que M. le comte de Paris consentît à accepter le pouvoir ; il fallait ensuite que les membres de la Droite consentissent à le lui donner.

M. le comte de Paris, qui trois mois avant, par une démarche mémorable, avait scellé la réconciliation de la maison de France, voudrait-il s'exposer aux accusations que les ultra-royalistes ne manqueraient pas de porter contre lui, s'il paraissait profiter des résistances de son royal cousin? Les journaux accoutumés à traduire la pensée de ce dernier avaient déjà prononcé le mot intrigue. Serait-il sage de donner un fondement à leurs soupçons?

Quant aux membres de la Droite, quelque douleur qu'ils dussent ressentir devant leurs espérances brisées, pouvait-on croire que de gaieté de cœur, ils ratifieraient une combinaison qui causerait au « roi » une humiliation et une peine profondes; et qu'ils affaibliraient par un vote le dévouement chevaleresque qu'ils n'avaient cessé de lui témoigner?

C'est à cette double difficulté que se heurtaient les promoteurs de la régence; et c'est sans l'avoir résolue qu'ils se séparèrent pour se retrouver le lendemain. Mais, deux d'entre eux devaient s'aboucher avec l'un des membres les plus influents du Centre Gauche qu'on disait rallié à cette solution. L'entrevue qui eut lieu le lendemain entre eux, ne fit pas faire un pas à la question. Elle se trouvait dénouée par la note suivante publiée par le *Journal de Paris*, organe des princes d'Orléans :

« En présence de ce qui vient de se passer, on se demande quelle est la situation des princes d'Orléans.

» Cette situation est parfaitement nette.

» Les princes d'Orléans ont déclaré que le jour où l'on voudrait faire la monarchie, on ne trouverait point parmi eux de prétendant à la couronne.

» Leur déclaration subsiste et ils y resteront fidèles. »

Néanmoins, en dépit de cette déclaration, les royalistes du Centre Droit tenaient bon. « Le comte de Paris, disaient-ils, n'a pas le droit de se soustraire à un grand devoir. » Ce qui encourageait leur insistance, c'est la certitude acquise depuis la veille qu'à peu d'exceptions près, la Droite voterait avec eux, afin de ne point rompre le faisceau monarchique. La Droite, en effet, s'était arrêtée à ce parti, quelque effort qu'il dût lui coûter.

Mais, lorsque dans une conférence spéciale, on aborda par tous ses côtés, la proposition, les difficultés surgirent. Le Centre Gauche, tout en déclarant que l'union des centres était une nécessité de premier ordre, n'admettait pas qu'il y eût lieu de modifier la forme du gouvernement. Ce n'était là qu'un incident relativement peu important; car, les voix du Centre Gauche n'étaient point indispensables pour former la majorité.

Un obstacle plus grave venait de surgir que la note précitée du *Journal de Paris* était de nature à faire prévoir. Nous voulons parler du refus définitif des princes d'Orléans de se prêter à « tout ce qui, de près comme de loin, ressemblerait à une compétition royale et pourrait troubler l'union du parti monarchique. » Ce refus, ils l'avaient très-énergiquement signifié à leurs amis, le 1er novembre, jour de la Toussaint.

C'est par les membres de la Droite, auxquels s'était joint le général Changarnier, et à la suite d'une réunion tenue chez le duc de La-rochefoucauld-Bisaccia, où la lieutenance générale du royaume fut votée à l'unanimité, moins les voix de MM. de Belcastel et de Franclieu, que la proposition en fut faite à M. le comte de Paris. Il la repoussa en alléguant « que les princes d'Orléans, par leur attitude, voulaient en même temps sauvegarder l'idée monarchique et l'honneur de leur maison. » La députation se rendit alors chez le prince de Joinville.

— Maintenant, je suis *Mac-Mahonien*, s'écria ce dernier, et je monterai à la tribune pour combattre toute proposition qui tendrait à faire la monarchie sans le roi.

Une démarche analogue fut tentée auprès de M. le duc de Nemours et n'eut pas un meilleur résultat. Quant à M. le duc d'Aumale, il s'était exprimé dans des termes qui non-seulement ne laissaient aucun doute sur ses intentions, mais encore indiquaient que son influence n'était point étrangère à la décision de ses frères et de son neveu. Les amis personnels de ce dernier essayèrent encore de vaincre sa résistance. L'un d'eux insista tout particulièrement, en alléguant que « le comte de Paris et à son défaut, le duc d'Aumale, se devaient au parti royaliste. » Le prince resta inébranlable.

Quelque légitime que fût le dépit causé à leurs partisans par cette décision, elle faisait le plus grand honneur aux princes d'Orléans. Elle témoignait de la sincérité de la visite du 5 août. Elle en était en quelque sorte le complément, et cette épreuve solennelle nécessitée par l'échec qui frappait la combinaison monarchique, mettait le sceau à la réconciliation de la maison royale. Il ne faut pas être un savant politique pour affirmer que la famille d'Orléans en est sortie plus grande, plus populaire, et que l'opinion dont les retours sont fréquents et soudains, et qui s'est déjà prononcée en leur faveur, leur tiendra compte de leur désintéressement et du souci qu'ils ont montré de leur honneur.

Cependant, la nécessité d'une solution immédiate s'imposait avec énergie. Le pays attendait; on lui devait un gouvernement, puisqu'on le lui avait promis. On revint alors au plan dont nous avons parlé et qui consistait à confier la lieutenance générale du royaume au maréchal de Mac-Mahon.

Mais, une communication du duc de Broglie apprit aux chefs du Centre Droit que le maréchal ne se prêterait pas à cette combinaison. C'est seulement dans les conditions du 24 mai, avec l'appui de tous les conservateurs, et sous la forme existante, qu'il voulait consentir à la prorogation de ses pouvoirs. Le langage des journaux de toutes nuances, de Paris et des départements, démontrait d'ailleurs que tel était le vœu du pays, épuisé par l'attente et lassé par le grand mécompte que les conservateurs venaient de subir.

Le parti monarchique dont les divers groupes étaient plus unis que jamais, se trouvait donc poussé, à défaut d'une solution plus immédiatement pratique, à céder à ce vœu. Il s'y décida. Il avait tenté tous les efforts pour assurer le succès de la royauté et du programme politique auquel il s'était rallié depuis le mois d'août. Ce programme se trouve résumé dans le projet de loi que le Comité des Neuf avait préparé pour le présenter à l'Assemblée nationale. Nous croyons devoir publier ce document afin de démontrer sur quel terrain et dans quel esprit libéral devait se faire la Restauration.

« L'Assemblée nationale, usant du droit constituant qui lui appartient et qu'elle s'est toujours réservé, décrète :

» Art. 1er. — La monarchie nationale, héréditaire et constitutionnelle, est le gouvernement de la France : en conséquence, Henri-Charles-Marie-Dieudonné, chef de la famille royale de France, est appelé au trône ; les princes de cette famille lui succéderont de mâle en mâle, par ordre de primogéniture.

» Art. 2. — L'égalité de tous les citoyens devant la loi et leur admissibilité à tous les emplois civils et militaires, les libertés civiles et religieuses, l'égale protection dont jouissent aujourd'hui les différents cultes, le vote annuel de l'impôt par les représentants de la nation, la responsabilité des ministres inséparable de l'inviolabilité royale, la liberté de la presse sous les réserves nécessaires à l'ordre public, et généralement toutes les garanties qui constituent le droit public actuel des Français, sont et demeurent maintenus.

» Le gouvernement du roi présentera à l'Assemblée nationale les lois constitutionnelles ayant pour objet d'assurer et de régler l'exercice collectif de la puissance législative par le roi et deux Chambres, l'attribution du pouvoir exécutif au roi, l'organisation du suffrage universel, et généralement toutes les lois nécessaires à la constitution des pouvoirs publics.

» Art. 3. — Le drapeau tricolore est maintenu; il ne pourra être modifié que par l'accord du roi et de la représentation nationale. »

Telle était l'œuvre du parti monarchique. Tel est le projet que le manifeste de Salzbourg était venu briser.

Quand on compare aujourd'hui ces deux documents, on se demande, non sans douleur, comment il se peut faire que le comte de

Chambord ait détruit les espérances lé
qui s'attachaient à son adhésion.

Après la lettre du prince, l'œuvre d
monarchique était terminée, sa tâche
plie. S'il se trouvait dans l'obligation
vouer vaincu, du moins, il pouvait
qu'il avait tenu haut et ferme son dra
qu'on ne pouvait faire peser sur lui la
sabilité de la défaite.

Depuis le 5 août, il s'était montré le
gardien des doctrines constitutionnelle
tement groupé autour du programm
17 février 1872, dont nous avons don
cédemment le texte, il n'avait conçu la
ration de la monarchie que par l'accor
souveraineté du roi et de la souverain
tionale. Et c'est parce qu'il n'était poi
de créer cet accord, rendu impossible
volonté du comte de Chambord, qu'il
refusé à saisir l'Assemblée nationale
positions qui ne pouvaient être accept
elle sans placer le pays au bord de l'ab
sans assurer à la révolution, dans un
prochain, une pâture nouvelle. Il n'avai

sacrifier ni le drapeau national, ni la liberté. C'est seulement par la lettre de Salzbourg et par le projet que nous venons de citer, qu'on a pu se rendre compte du zèle et de l'ardeur avec lesquels il les a défendus.

Malgré ce premier échec, la monarchie pouvait se faire. Le désintéressement et la loyauté des princes d'Orléans l'ont rendue impossible.

Quant à M. le comte de Chambord, dont nous n'avons pas à critiquer la conduite, il a fait à son parti une blessure incurable. Il a compromis ses amis les plus chers, leur réélection, leur avenir politique; et sa lettre, quelle qu'en soit l'éloquence, n'est pas l'acte d'un homme d'Etat.

Le pays, qui a suivi avec anxiété ces incidents et ces péripéties, sait que M. Chesnelong avait fidèlement rapporté les paroles qu'on lui avait dites; et c'est le prince qu'il accuse.

Il l'accuse, non-seulement d'avoir retiré ses promesses, mais encore d'avoir laissé pendant douze jours, M. Chesnelong prendre en son nom des engagements qui ne devaient pas être tenus. C'est là une faute capitale que l'histoire ne pardonnera pas au chef de la maison royale de France. Héritier de la monarchie de droit divin, c'est lui-même qui l'a tuée, compromettant dans la même aventure, le gouvernement constitutionnel duquel nous attendons le salut, ses amis de l'Assemblée, et ce parti conservateur qui n'avait abandonné le terrain du 24 mai, où il est ensuite revenu, que pour en trouver un meilleur.

Une telle conduite est pire qu'un suicide, et la responsabilité que le prince portera devant l'histoire, sera difficilement allégée.

Il pouvait être un grand roi. Il a préféré n'être qu'un auguste exilé ; il a préféré abandonner cette France qui, dans les mains d'un gouvernement ferme et libéral, redeviendrait grande comme par le passé et qui s'était résignée à le subir, en dépit des préjugés et des répugnances que son nom éveille ou inspire. En se frappant lui-même, c'est elle aussi qu'il atteint, car la tradition monarchique, dans un pays tel que la France, ne peut s'effondrer sans affaiblir le parti conservateur.

Le peuple français est un peuple aussi curieux qu'il est spirituel. Il s'est mainte fois demandé pour quels motifs, M. le comte de Chambord avait refusé la couronne qu'on lui offrait. Ce refus a donné lieu à des commentaires nombreux. Les uns ont dit que le comte de Chambord ne voulait rentrer en France et monter sur le trône qu'autant qu'il se croirait appelé par le vœu unanime des conservateurs. Les autres ont affirmé que l'influence de la douce et sainte princesse qui partage et console son exil l'aurait détourné de la destinée à laquelle il semblait appelé. On a parlé d'un très-grand nombre de lettres arrivées à Frohrsdorf après le départ de M. Chesnelong. Cela est vrai. Nous avons entendu l'un des amis de M. le comte de Chambord, un des courtisans les plus fidèles de son exil qui remplit plusieurs mois par an auprès de lui, les fonctions de secrétaire, déclarer que ces lettres arrivaient par centaines, suppliant le « roi » de ne pas renoncer au drapeau blanc. Mais, deux mille, trois mille adjurations de cette espèce, venant de députés tels que MM. du Temple et de Franclieu, de journalistes tels que MM. Louis Veuillot, Mayol de Luppé, en un mot, d'amis connus ou inconnus, si pressantes qu'elles fussent, n'auraient rien pu sur la parole du prince. Pour la mettre en souffrance, il fallait des droits plus actifs, un désir plus intime et plus profond, pouvant au besoin se transformer en une volonté douce et tendre, et par cela même, plus puissante.

C'est ainsi que le nom de madame la comtesse de Chambord est venu sur les lèvres de ceux qui savent quel empire elle exerce sur son mari.

On a dit que lorsque M. le comte de Paris se rendit à Vienne, elle refusa de le voir. Ce dire est mensonger. M. le comte de Paris déjeuna deux fois avec elle, assis à sa droite. En agissant autrement, elle eût non-seulement blessé son cousin, mais encore affligé son mari. Le petit-fils de Louis-Philippe n'eut qu'à se louer d'elle. Mais, quand les négociations eurent été entamées, on vit se manifester un mauvais vouloir qui venait de l'entourage du comte de Chambord, tendant à prouver que ce dernier ne faisait aucune concession, et que ceux-là s'aventuraient et s'illusionnaient qui osaient en promettre en son nom. C'est alors que la *Liberté* publiait des notes pleines de réticences qui avaient cette origine. Le lendemain du jour où la lettre de Salzbourg eut été expédiée, la *Liberté* annonçait que cette lettre était arrivée à Paris, et qu'on n'osait la publier. Le journal de M. Léonce Détroyat se trompait. La lettre était en route et non à Paris. Mais on lui en avait révélé l'existence.

C'est à l'entourage de madame la comtesse de Chambord que cette indiscrétion fut généralement attribuée.

Il n'est douteux pour personne aujourd'hui que la princesse a pesé de tout le poids de son affection sur le cœur de son mari pour le décider à renoncer au trône. Selon les uns, elle se serait alarmée des dangers auxquels pourrait être exposée la vie du roi, dans un pays où la nouvelle de son avénement soulevait de si vives et si nombreuses protestations. « Votre mari, s'il rentre en France, sera assassiné ! » lui avait-on dit jadis, et cette parole, toujours présente à l'esprit de Marie-Thérèse, ne lui a pas permis d'envisager le trône sans effroi. Et puis, qui sait si quelque cause d'un ordre plus intime n'est pas venue se joindre à celle-là ? En se rappelant tout ce qu'on lui avait dit des séductions et des merveilles des Tuileries, sous l'empire, de la grâce des grandes dames qui en deviendraient l'ornement, sous le règne de son mari, ne s'est-elle pas alarmée et n'a-t-elle pas redouté de perdre quelque chose de son influence sur ce cœur qu'elle a si passionnément aimé ?

Assurément, c'est par l'une de ces deux raisons qu'il faut expliquer ses appréhensions et ses craintes. Et c'est ainsi qu'elle a pu être conduite à pousser le comte de Chambord à la résolution que nous avons déplorée.

Nous plaçons ces commentaires sans leur attribuer d'autre importance que celle qu'on leur a donnée et sans en affirmer la vérité. Nous aimons à penser que, devant Dieu, le comte de Chambord ne s'est soustrait aux grands devoirs que lui imposaient sa naissance et son nom, que parce qu'il ne croyait pas pouvoir les accomplir utilement pour son pays.

Quels qu'aient été d'ailleurs les mobiles de sa conduite, ils ne changent rien aux conséquences que nous avons indiquées et ce sera un éternel regret pour ceux qui ont cru que l'avenir de la France était attaché à la restauration de la monarchie, d'avoir vu leurs espérances s'évanouir, alors qu'ils se croyaient certains de les réaliser. L'histoire appréciera ces événements. Notre tâche se borne à les enregistrer.

CONCLUSION.

Les événements qui suivirent n'appartiennent pas à la période que nous avons entrepris de raconter; ils procèdent d'une autre situation, et notre tâche doit s'arrêter ici. Nous ne voulons pas cependant déposer la plume sans rendre hommage à l'habileté, au courage, au patriotisme, qu'au sein des orages qui éclataient tout à coup sur elle, déploya la majorité.

La mauvaise fortune la trouva ferme, unie, vaillante et ne put l'abattre. Ayant à réagir contre l'impopularité qui s'attache aux entreprises avortées; à résister aux partis surexcités par sa défaite; à défendre le terrain conservateur contre ceux qui voulaient l'en chasser; ayant surtout, à rassurer, à sauvegarder ceux qui l'avaient suivie, soutenue, secondée pendant la crise et qui n'étant pas préparés à l'échec, en étaient comme affolés, elle fut à la hauteur de toutes les exigences et de tous les devoirs.

Le Centre Droit surtout déploya une vigueur et un esprit d'à-propos; qui ne laissaient aucune place aux défaillances. Il y a des retraites qui valent des victoires : cette maxime de l'art militaire, applicable si souvent en politique, se présenta plus d'une fois à notre pensée tandis que nous considérions la remarquable évolution accomplie par le Centre Droit, après le manifeste de Salzbourg. Son attitude, durant ces journées allongées par l'angoisse, nous rappela maintes fois celle des vieux parlements de la monarchie, desquels on a pu dire qu'aux époques les plus troublées, ils avaient su conserver le précieux dépôt des libertés publiques et des droits de la nation. Dans ses négociations avec le comte de Chambord, le Centre Droit s'était tenu inébranlable sur le terrain des garanties constitutionnelles, des principes du droit moderne et de leur symbole tricolore.

Le projet qu'il voulait proposer aux représentants du pays, après l'avoir fait accepter par le roi, est le programme de gouvernement le plus libéral qui ait été jamais élaboré.

C'était la création d'un régime d'autorité et de liberté, qui aurait permis au pays de travailler en paix à sa réorganisation, entravée jusque-là, presque également, par un excès d'autorité et par un excès de liberté. Cette autorité et cette liberté, le Centre Droit espérait la trouver dans une monarchie sagement tempérée. Quand cet idéal lui fut démontré irréalisable, il comprit que la cause conservatrice n'était pas encore perdue, puisqu'il lui restait l'héroïque soldat en qui cette cause s'était incarnée le 24 mai ; il comprit que proroger les pouvoirs du maréchal de Mac-Mahon, c'était donner à la France la sécurité dont elle est avide ; il comprit enfin que la prorogation des pouvoirs entraînait leur organisation, et c'est à cette tâche qu'il résolut de s'attacher, d'accord en cela avec la Droite, afin de sauver tout à la fois la France et le régime constitutionnel.

Cette résolution, il la prit dans la séance qu'il tint à Versailles le 4 novembre, et dans laquelle le duc d'Audiffret-Pasquier, employant

l'éloquence imagée dont il sait parer les propositions qu'il présente et les décisions qu'il inspire, s'écria, aux applaudissements de l'assemblée : « Parce que le navire a touché l'é-
» cueil, les pirates ont cru qu'ils allaient s'en
» emparer, décimer l'équipage et se partager
» la cargaison. Ils se trompaient. La cargaison
» est sauvée ; l'équipage est debout ; le navire
» va reprendre la mer ; désormais, il s'appelle :
» le *Mac-Mahon.* »

Cette attitude, cette fierté, l'habileté de cette tactique en imposèrent au pays. Le parti qui parlait ainsi après un échec, n'était point un parti vaincu. Il prouva sa force le 5 novembre, en affirmant sa volonté, son homogénéité, son indestructible union et justifia cette appréciation portée dans le recueil de notes intimes, auquel nous avons emprunté déjà plusieurs extraits : « Le 30 octobre, il n'y a eu, quoi qu'on
» dise, ni vainqueurs, ni vaincus. Il y a eu des
» négociations rompues. Après la rupture,
» chacun des partis a recouvré sa liberté d'ac-
» tion, qui n'avait point été aliénée. »

Ainsi se résume pour nous la crise dont nous

avons révélé les origines et retracé les péripéties. Elle éclata, non par la volonté de tel ou tel parti, mais parce que l'imminence des discussions constitutionnelles la rendait inévitable. Les partisans de la monarchie, majorité dans l'Assemblée, auraient manqué aux devoirs les plus élémentaires, si, après la généreuse démarche du comte de Paris, et, à l'heure où les solutions définitives tendaient à s'imposer, ils n'avaient tenté de fonder légalement le gouvernement de leurs préférences.

C'eût été une abdication honteuse et irréparable.

Ils étaient non-seulement dans leur droit, mais encore dans leur rôle naturel; et si le pays fut troublé par leur tentative, c'est uniquement parce que les républicains prétendaient, leur contestant ce rôle et ce droit, nier la légalité du succès parlementaire, assuré à leurs efforts, quand le manifeste de Salzbourg vint en détruire l'effet.

Nous ne pensons pas que le parti conservateur sorte affaibli de cette grande crise. Quand ces émotions seront apaisées, quand les factions coalisées pour combattre la monarchie auront rompu le pacte qui les unissait et se placeront de nouveau devant le pays, dans la sincérité de leur doctrine et dans leur isolement respectif; quand tous les masques seront tombés, quand tous les malentendus funestes seront dissipés, la faiblesse des uns et la force des autres apparaîtront et on s'apercevra que les conservateurs, en affirmant leur vitalité, ont jeté dans l'opinion, rendue à elle-même, des racines profondes, à l'aide desquelles ils recouvreront toute leur influence. Alors, justice sera rendue à tous ceux qui ont su remplir leur devoir, et notamment aux princes d'Orléans, que cette crise a démesurément grandis et que nos douloureux mécomptes viennent d'unir étroitement à la fortune de la France. Le pays n'oubliera ni leur abnégation, ni leur patriotisme ; il saura prouver sa confiance et son estime à ceux qui les ont si noblement conquises.

FIN.

TABLE.

—

CHAPITRE III.

CHAPITRE IV.

CHAPITRE V.

CHAPITRE VI.

CHAPITRE VII.

Paris. — Imp. de E. DONNAUD, rue Cassette, 9.

www.ingramcontent.com/pod-product-compliance
Ingram Content Group UK Ltd.
Pitfield, Milton Keynes, MK11 3LW, UK
UKHW012018240726
13965UKWH00002B/446